销售就是搞定人心

连永明◎著

北京联合出版公司
Beijing United Publishing Co.,Ltd.

图书在版编目（CIP）数据

销售就是搞定人心 / 连永明著. —北京：北京联合出版公司，2017.3（2017.9 重印）

ISBN 978－7－5502－9921－4

Ⅰ.①销… Ⅱ.①连… Ⅲ.①销售－通俗读物 Ⅳ.①F713.3－49

中国版本图书馆 CIP 数据核字（2017）第 036293 号

销售就是搞定人心

项目策划 斯坦威图书 斯坦威 Standway

作　　者 连永明

责任编辑 管　文

策划编辑 安妮雨　时　辰

封面设计 红杉林文化

北京联合出版公司出版

（北京市西城区德外大街 83 号楼 9 层　100088）

北京中印联印务有限公司印刷　新华书店经销

210 千字　710 毫米×1000 毫米　1/16　14 印张

2017 年 3 月第 1 版　2017 年 9 月第 2 次印刷

ISBN 978－7－5502－9921－4

定价：42.00 元

前　言

每个销售员手上都有一个帝国

这个世界上有很多东西都是靠运气的。当初考建筑专业是个苦差事，毕业只能去国企，竞争大得吓死人，但是最近 10 年的房价大热，进入建筑行当的人轻松就能年薪 10 万。再后来我们说做 IT 的都是民工，但是最近 5 年智能手机的出现，一下子就引发了一场全球的应用程序热，曾经的 IT 民工们都变成了 IT 新贵。

每个行业似乎都有风水 30 年的说法，10 年、20 年之后，你所在的行业可能就要面临一次全局上的兴衰变化。我们每个人的职业生涯大概有将近 40 年，也就是我们人生中或多或少都要经历几次起伏。到最危难的时刻我们能依靠的，就只剩下手上的那点资源。

我最喜欢跟自己员工说的一句话就是，我们做销售永远不会没有饭吃。有些人工作 10 年积累的是工作技术，但技术也许有一天就被淘汰了，这个人 10 年的积累就白费了，又要重头开始。而销售人员工作 10 年积累的是一个帝国，你手中的人脉永远不会丢失，就算你工作的公司倒闭了，你经营的行业萧条了，只要你的帝国还在，你就不会知道什么是失败。

我进入销售行业今年刚好第 17 年，先后卖过 6 种商品，换了不知道多少个职位，从几十块钱的单子，做到今天近千万元的项目。我承认我很幸运，几次以为自己死定了都撑了过来，但现在回头来看，却觉得并不全是依靠运气。换一个人在那个位置上还是死定了，多好的运气都未必抓得住，真正帮我起死回生的，不是运气，而是我的人脉帝国。

做销售的人最重要的资源就是人脉，你能搞定人，你的东西就一定能卖掉。很多人都说生意人唯利是图，这样说非常正确，但很多人以为这个“唯利是图”，指的就是眼前那点蝇头小利。

做销售这一行有很多人都不地道，玩弄小聪明葬送大前途。我们片区有个兄弟单位做甲方，承包出去一个项目。中标的乙方销售代表非常厉害，该打点到位的关系一个没错过，但是这个销售代表最后弄来的施工单位却不是标书上那个，原来他居然同时在几个公司担任销售代表，想要玩个“狸猫换太子”的把戏。

如果不是兄弟单位那边的负责人本身是个细致的性格，亲自到工程上去验收发现了问题，并步步推查找出了其中的猫腻，我们那个兄弟单位这次的亏损最少估计都是300万。

事后我和兄弟单位的负责人说这件事的时候，负责人还在感叹那个销售代表确实很厉害，可惜耍的都是小聪明。现在那个人正在被起诉，如果最后被定为诈骗罪，最少就是10年，黄金岁月就要在牢里待着了。

这个销售代表之所以敢做这么出格的事，最核心的问题还不是他道德败坏，而是他根本不清楚自己的职业目标。只想着捞一把狠的就走，别说做不好销售，其他的也都做不好，最后只能做一个诈骗犯。

销售是一件日积月累的事，要把手上每一个客户都当成宝，一个客户就是一个点，连接起来就是一片网，网里捞起来的鱼才是你的最终成就。一个销售人员要没有眼光到什么地步，才会为了偶尔黏在线上的苍蝇，压垮自己的整个人脉网络？

我每年都会跟所有客户至少打5个电话，特别重要的客户至少吃5次饭，而最核心的那一部分客户一定会在我的生活圈里经常出现。比如我们会相约一起去户外、一起品酒、一起品雪茄，等等……总之，我的生活血脉中都是我的人际圈，都是我的客户群。

和很多人想象的不同，这不但不会影响我的生活，还会提高我的生活质量，因为我做的每件事都是出于自身的意愿，都是我在享受生活，只是享受的同时还能带上朋友而已。

没错，客户就是你的朋友，带着抵触的情绪去和任何人打交道，你都不可能成功。客户为什么不能成为你的朋友？你们之间除了利益往来，还可以有超越别人的信任，这样的客户才是长久的客户。就算有一天你不做这一行了，曾经的客户也许会慢慢感情变淡，但朋友是不会的，而这些朋友就是你最宝贵的资源，任何时候你想要用得上他们，他们就能够站出来挺你。

所以说做销售这一行其实很有意思，在这个领域里面，你能把和人交朋友的事真正上升到艺术的境界。

我在这本书里面写的都是自己的销售经历，是我从基层开始一步步爬上来的经验，这些经验的核心就是和人打交道的方式。怎么让客户喜欢你，怎么把客户变成你的朋友，怎么让客户认同你的产品……

我们做销售的常说每个客户背后都有 6 个隐藏客户，这不是一句空话。一个客户如果真的信任你，把你当朋友，他背后的资源，你永远猜不到有多值钱。作为一个有理想的销售从业人员，你的事业目标，就是建立属于自己的人脉帝国。相信自己，只要你能搞定人，你就一定能够搞定事。

目 录 CONTENTS

CHAPTER 1

别急着卖产品，先把自己推销出去

CHAPTER 2

心态决定人脉，好心态让你更成功

CHAPTER 3

知己知彼，像客户那样思考

CHAPTER 4

如何找到，并且成就你的客户

CHAPTER 5

熟谙销售之道，把事做到客户心坎里

CHAPTER 6

把握销售定律，帮你拓展更广的市场

CHAPTER 7

别走进销售误区，有些事千万不能做

1

Chapter

别急着卖产品，先把自己推销出去

刚进入销售这一行的人都特别急，可以理解，年轻嘛，正是血气方刚的年纪。公司告诉你产品好，你就信了，照着公司给你画的蓝图去推给客户，像无头苍蝇一样。碰壁了就觉得是天负我、公司负我，或者觉得是我没用、我是废物，两种心态都特别没出息。

销售这事儿说来其实并不难，先放平心态。什么是销售？就是一份工作，而且这并不是体力活，不是你每天跑多少客户就能拿到好业绩。销售这回事儿，说到底靠的是脑子，我在这一行干了十几年，现在也算是小有成就，但熟悉我的人都知道我身体不好，我能在这一行走到现在，靠的就是脑子，我就是知道怎样让客户愿意买单。

搞销售必须讨人喜欢 ■

关于“第一节写什么”我想了很久，这就是做销售这一行最容易得的职业强迫症。做销售必须要走好第一步，第一步走漂亮了，后面的事情你心里就有底，心里踏实做事儿才能顺利。

所以我第一节的内容就来写一下这个第一步，每个人心中的第一步都不同，我以前也看过很多讲销售的书，有说诚信的，有说交流的，还有说博弈的……真是扯太远了，销售的第一步，根本到不了那么深的程度，客户第一眼看到的是什么？那就是你这个人长什么样子。

我在招聘新员工的时候特别在乎对方的长相。不是非要长得多好看，中国有句古话叫“相由心生”，知道这句话的人多，琢磨过这句话的人特别少。

我年轻的时候在国企，当时的老总送我一本曾国藩的《冰鉴》，翻开第一句话就是“一身精神，具乎两目；一身骨相，具乎面部”。这本书对我影响特别深，因为那时候很多人说我长得不讨喜，我一直不明白，自己照镜子至少也是浓眉大眼的，不知道哪儿不讨他们喜欢了。

后来我还认真考虑过这事儿，发现我的问题就是看人会直愣愣地盯着别人的眼睛，而且表情严肃，眼神狰狞。这是当初在学校学生会里养出来的坏毛病，那时候在讲台下面听校领导发言，都是这个姿态，这样显得认真又虔诚。

但这一套在社会中是走不通的，和人说话的时候，最好是看着人家的鼻子周围，不要离眼睛太远，但也别盯着眼睛直勾勾地说话。说到诚恳或者激动的时候再去看着眼睛，才会显得你特别有诚意，而不是让别人觉得有压力。

做销售这一行特别讲究“眼缘”，有些客户就是看你顺眼，多大的单子都愿意跟你签。不是这些人傻，是因为这个圈子里面能留下来的人，大部分都研究过面相。

别觉得这一套太玄，我们生活中是不是也会遇到这样的事？新认识的人只要看一眼，就对这个人有了基本的喜恶判断。这是因为这个人的过往经历和内心世界，在沉淀了很多年以后，不仅仅会刻进他的心里、大脑里，也会赤裸裸地通过他的脸展现出来。

比如有些人特别小气爱计较，他心里就特别狭隘，看别人的时候都是算计和防备的，别人看他也就觉得特别不讨喜。又或者有些人特别有胸怀气魄，他没什么防备别人的心理，周围朋友同事也特别认同他，他整个人散发的就是一种外放的让人愉悦的气场，脸上的表情肯定也是没有攻击性的。

面相学这些细节说起来琐碎，需要很多年的经验和潜心观察，但只要这一套本事掌握了，你在销售这一行就得到了一个“通杀令”——无论你卖的产品是什么，你都能用最快的时间上手。

有一年我们公司总部组织过一次学习“海底捞”的培训，当时书店里关于海底捞的书特别火，到处都在推行“海底捞”模式。但圈子里也有很多人认为“海底捞”的做法不长久，靠这种炒作只能撑一时场面。不过现在“海底捞”似乎还是势头不减，虽然炒作过去了，“海底捞”却没有过去，这说明“海底捞”确实很有一套，它的做法肯定是经得起市场检验的。

当时我们做培训课的时候，里面就重点提到了“海底捞”招聘这一节。“海底捞”选人有个特色，他们第一步就是要看人笑，你要是笑得讨喜又亲切就进下一轮，你要是笑起来就一脸苦大仇深肯定被淘汰。

我们经常说面试的过程就是一个销售的过程，只不过我们要卖的东西是自己，所以无论从事什么职业，第一步都是从销售做起的。在销售自己的过程中，主考官可能关心你的能力，也可能关心你要求的薪资待遇，也可能只看一眼你的脸就决定了。

为什么说笔试很好的人未必能通过面试？不是因为面试不公平，而是因为你的脸长得不公平。像“海底捞”这种服务行业要求特别高，如果你长了一张客人见了就没胃口的脸，即便是倒贴钱我也不敢让你来败坏生意。“海底捞”的高明就在于以人为本，重视细节，他们连员工的长相都考虑了进去，一走进“海底捞”，每个员工冲你一笑，马上就让你如沐春风，对这家店的起评分至少也是四星以上了。

销售行业也是服务业，长得太丑你真没办法做出成绩，而且这个丑不是说皮相，而是你由内到外散发的一种气场。我在刚入行的时候为了让自己讨人喜欢，真的下了很多苦功夫，比如对着镜子练习微笑，一直笑到觉得自己特有诚意特讨人喜欢为止。

没有几个人是天生长得让人厌恶的，我到现在也经常对着镜子端正自己的笑容，只要记得要保持一颗讨人喜欢的心，你的面相就会越来越朝着你理想的方向变化。

讨人喜欢这门学问肯定不是我第一个提出来的，前辈们总结了很多讨人喜欢的关键点，你要学习的东西很多：

第一，没有内涵不要紧，你至少要伪装气质吧；

第二，开口说话动不动就我怎么怎么样，别人肯定也会觉得你这个人怎么怎么样；

第三，背后不能瞎说人长短，如果要说那就要有技巧；

第四，有钱了要藏富，穷了不能露𡲴；

第五，笑起来要特别真诚，每天早上先在镜子面前对自己笑一下再出门；

第六，高调做事，低调做人；

……

细说起来讨人喜欢的诀窍很多，我一开始试着每个都去照做，累得心神俱疲反而更加不讨人喜欢了。最后我总结了几个最简单的诀窍，这也算是送给刚进入销售这个圈子的年轻人的一个小礼物，相信这些诀窍不仅仅是对销售行业的，就算是其他行业，只要你需要直面客户，这些经验肯定都会给你的事业带来变化。

第一条建议：保持一个大度的心情

年轻人最大的优势就应该是输得起，不管遇到任何事情，学会自己疏导，不要挤压在心里，不要泄露在脸上。这个社会压力很大，大家的表情都不是太友善，你也一脸苦相凑上去，一个不小心就会谈崩。

大度一点，让自己的脸上写满包容，让别人只需要看你一眼，就会自动解除心中的防备。

第二条建议：结交几个靠谱的朋友

这一条听上去和讨人喜欢没什么关系，事实上这是我个人觉得讨人喜欢最重要的条件。一个连朋友都没有的人，根本不知道怎么跟人相处，自然也没有办法去讨人喜欢了。总是沉浸在自己的小世界，是成事不足败事有余的前兆。

第三条建议：把工作和生活分开

工作总是有压力有烦恼的，但生活其实大部分时候都不至于让你崩溃，不然大家也不会这么热爱假期了。工作中我们难免心情抑郁，但在工作以外的时间可以尽量让自己高兴。毕竟讨喜是一种发自内心的气场，伪装是无法长久的，你就是得让自己高兴，你才有能力去感染别人，让别人看着你也开心。

这些诀窍乍一看上去可能都不“集中”，但若照着这几点去做，你肯定能越来越讨人喜欢。这就像是下棋的布局，这些行为都是在为你的目的——讨人喜欢做好准备，当整个阵形完成后，你的战斗力就自然而然出现了。

总之，在你把自己的讨喜气场打造出来以后，再考虑如何进行销售就简单多了，至少你不会在拿出产品之前，甚至在开口说话之前，就被客户在心里打一个零分。销售是一个很艰苦的行业，也是一个发展前景非常好的行业。只要你熬过了最初的创业期，手上有了稳定的客户群，你的未来就会越来越顺利，而第一步，就是打造讨人喜欢的形象，客户有多爱你，事业就有多爱你。

用名片让客户记住你

要想向别人推销，你首先要介绍自己，这是推销自己的第二步。那怎样才能让别人记住你的名字，并且及时联系到你？只凭一张嘴说是不行的，也许这个客户现在不需要你推销的产品，可是过了一周以后，当他发现自己必须得买一件的时候，他突然想起曾经有个人向自己推销过这东西，虽然你曾经告诉过他你的电话号码，可他还能记得起来吗？

你可能会说："给他一张名片不就可以了吗？"

没错，名片是现代商业交往中必不可少的一种工具。可是我发现很多销售员并没有充分意识到名片在销售中的作用，对于名片的理解也非常狭隘。有的销售员虽然也会向人们派发名片，但却毫不重视名片的作用，甚至根本就不指望它能给自己带来客户，总是认为人们接到自己的名片以后可能随手就会扔到垃圾桶里。怀有这种心理的销售员又怎么会积极主动地去发放名片呢？这些问题虽然只是一些小细节，却往往是决定成败的关键。

事实上名片是建立销售渠道最实惠、最易用的一个工具，它不但投入少，直观，可以展示你的所有信息，而且还方便保存。因此，名片在销售中所起到的作用是无可取代的。在和顾客交谈时，递给客户一张名片，不仅是友好的自我介绍方式，也与客户建立了联系，既方便，又体面。

名片是我的销售利器，在我还是个基层销售员的时候，我随时都会向周围的人派发自己的名片，不管对方是不是我的客户，也不管是在大街上还是在商场里——随时随地，是发名片的一个重要原则。

大多数人都会接下我的名片，然后其中一部分人会在需要办这事儿的时候，突然想到我的名片然后打来电话。当时与我一起做销售的同事对此非常好奇："为什么每次我发名片的时候对方总会摆摆手拒绝我，你是怎么做到让他们接下你的名片的？"

其实很简单，我在发名片的时候会对对方说："您可以留下这张名片，也可以把它扔到垃圾桶里。但是如果您留下它的话，您就会掌握我的一些基本信息，不一定要买我的东西，当您认为我能帮上忙的时候就可以找我。"

有一年我在北京的一所大学里演讲，我安排了自己的下属专门负责发名片，并告诉他们："每隔5分钟，你们就去发一遍名片，不管对方有没有、有几张，都要再递给他们一张。"他们按照我的要求去做了。

之后，一位协助举办这次讲座的大学生告诉我，在短短5分钟的时间里，他一共收到了6张我的名片。我问他："现在你能记住我是谁吗？"他惊讶地说道："如果连这样都记不住，那我简直就是白痴啦！"我又问道："那你知道我是做什么的，是卖什么的吗？"他连想都没想就点了点头。我接着问道："现在你知道应该如何联系我了，以后如果有需要的时候，你会打电话给我吗？"他笑着对我说："是的，我一定会在第一时间打电话给你！"

你看，名片的作用这么大，它成功地给你的一个潜在客户留下了深刻的印象，而且一下子记住了你。我之所以能够成功，就是因为我大量地用名片推销自己，让别人知道我是谁，我在做什么。

每次去餐厅吃饭的时候，我都会热情地夸赞那些为我上菜的服务员，同时送上我的名片。他们总是受宠若惊，因为很少有人把自己的名片发给他们。但实际上，谁又敢说他们未来不会是某家公司的经理，不会成为某个领域的专家呢？所以在这里我要提醒新入行的人，不要只给那些你认为有可能成为你的客户的人发名片，任何人都可以是你的发放对象，要"放长线钓大鱼"。

甚至有时候参加体育比赛、演唱会的时候，我也会发放自己的名片。你可以趁着人们高声欢呼的时候，挨个给身边的人送上你的名片。这时人们的情绪正处于兴奋的状态下，他们的排斥度会降低到最低的程度。有些人甚至还会主动跟我攀谈，问起我推销的产品。

有些销售员一年大约用掉五六百张名片，但我每个月都要发出去一万多张名片，多的时候甚至还曾经发出两三万张名片。

名片为我带来了一个又一个的客户，你还会小瞧这张小小的纸片吗？

小名片里有大学问，要想用名片让客户记住你，就要懂得发放名片的学问和礼仪。因为在这个过程中，客户不但会看到你的名片，还会注意到你的一举一动，如果你有所差错，就会得不偿失。名片就是你的“脸面”，这脸面，咱可千万不能丢。

1. 随身携带名片

外出谈生意的时候，一定要随身携带名片。出门之前，你要先检查一下自己的名片，至少准备 20 张，同时还要准备其他的名片备用。这样，万一遇到大量客户的时候，就可以避免没有名片递出的尴尬了。

2. 先递出名片

作为销售员，一定要比客户先递出名片。因为名片交换有一个规则，就是地位低的人要先把名片给地位高的人，因此，客户一般不会主动把名片递给你。一旦等到客户来向你索要的时候，你才想起递送名片，在气度上就已经输给了客户。因此，遇到客户的时候，一定要积极主动地先为客户奉上你的名片。

3. 以对方胸前的高度，用双手递出名片

在递出名片的时候，你要注意自己的动作：首先，名片递出的最佳位置是客户胸前的位置，如果位置过高，不仅不方便客户收取，还会显得你比客户低一等。如果递出的位置太低，又会被客户误以为你居高临下、轻视自己，让客户产生不愉快的感觉。其次，递出名片必须要用双手，以示你对客户的尊重。

4. 清楚地报上自己和公司的名字

递出名片的同时，你可以先跟客户打一个招呼，让客户有所准备。打完招呼后，你要清楚地报上自己和公司的名字，每个字都要清楚，让对方听明白。否则，你就会失去介绍自己的最佳机会，客户才不会有耐心听你介绍第二遍。

5. 礼貌地向对方索取名片

在递出名片以后，你要稍微停顿一下，礼貌地向对方索取名片。当然，在一般的社交场合里最好是“以静制动”，如果对方迟迟想不起来要给你名片，你可以试试下面的几个方法：

明示法

如果你跟对方之前比较熟悉，或者跟对方认识但很长时间没见面，担心对方已经换了职务，你想要名片，可以直接向对方提出。

谦恭法

以一种虚心请教的态度对对方说：“以后能不能向您请教？”或者说：“以后怎么向您请教比较方便？”言下之意是向对方索要名片。这种方法非常委婉，主要是对长辈或者有地位的人使用。

联络法

对晚辈、下级或者平级平辈的人，可以使用联络法。比如说：“认识你很高兴，希望以后能和你保持联系。”或者“以后怎么和你联系比较方便？”这就相当于告诉对方，希望留下他们的电话、邮箱或者其他联系方式。这样还可以给对方留下余地，对方如果愿意给就给，不愿意给可以说：“你这么忙，以后还是我跟你联系吧。”

6. 整理名片夹

有的足球运动员会踢“乌龙球”，同样，有些销售员也会做出递错名片的糗事。为了避免发生这种尴尬，你要及时整理好自己的名片夹。如果名片夹杂乱无章，错误地递出别人的名片或者其他东西的概率就会大大增加。养成良好的习惯，分门别类地整理好名片，可以有效地避免一些乌龙事件。

名片是广交人脉、拓展客户的好工具，希望销售员们不但要用好名片，还要用精。渐渐地，你会发现，发出去的名片，可能会给你带来意想不到的生意。

用微笑征服客户

所谓征服客户，就是让客户记住你。只是记住还不行，还要在有需要的时候能够想到你。名片是一个武器，但远远不够。因为名片是死的，客户哪怕记住了你叫这个名字，是做这一行的，也不见得会在需要的时候想到你，因为他身边可能有两个、三个甚至更多你的同行。在他们面前，你凭什么突围成功?

这个问题看起来很难，那我们就放一下，先来做一件事情：

事情很简单，就是利用五秒钟去回忆一个两三年没见的朋友，可以是任何人，你的同学、家人、商业伙伴甚至以前的女朋友。

开始!

5、4、3、2、1，停!

现在告诉我，你回忆到了什么?

是不是他（她）的某个表情?

没错，时间太短，你根本来不及回忆一件完整的事情，连一个动作、一句话甚至对方的长相你都来不及回忆清晰，但是你一定能记住对方一个有代表性的表情。比如你的朋友喜欢噘嘴或者眨眼睛，如果你注意到这个信息，在你回忆他的时候，这个画面一定是最先跑出来的!

做这件事是什么目的呢?

就是想告诉大家，表情在人的脑海中存留的时间是很长的。做销售的人，如果能让自己的某个表情在最短的时间里印在对方脑海里，那么当他想到你这个人，在翻找你的名片的时候，脑海里一定会浮现出你的这个表情。说得简单点就是，我们要把某个出现时间短暂，却能给人带来长期印象的表情，和你的名片或者其他信息连接起来，让他一想到你，就能想起你的某个表情。

你跟客户见面的时间可能很短暂，根本来不及细谈，那么什么表情最容易打动对方？

是微笑！

1991年，美国北达科他州立大学的心理学家做了一个很有意思的实验。研究人员随机选取了几家购物中心，由一名心理学家对偶遇的人微笑，同时，另一位研究人员则通过伪装悄悄地观察人们的反应。经过长达数小时的实验后，他们发现，有超过半数的人会回应一个微笑。

实验为我们的销售业务提供了一个很好的视角，对方的微笑回应至少为下一步的沟通开了个好头。并且，研究还证实，这种回应源于一种大众普遍的心理机制——不自觉地主动模仿周围人的面部表情，因为我们的意识会让自己尽快融入到一个群体当中，那么拥有这个群体的特点，就是最重要的方式之一，而了解这些人的本能，对做销售的人来说至关重要。

当客户回应我们的微笑时，他模仿的虽然只是一种形式上的动作，但这种动作会产生一种心理暗示效果，将现在的微笑与其所代表的善意、亲近等感觉衔接起来。这实质上是一种催眠效果。当我们在微笑时，不仅催眠了自己，让自己的行为更有亲和力，同时也在无形中催眠了客户，从而有效地降低了沟通的难度。

这种向客户推销自己的方法虽好，但是每个人都在微笑，而且很多人在上岗之前都会专门学习如何微笑，会笑的人越来越多，笑得也越来越专业，这就产生了一个问题——我们要笑，但如何笑，才能让人记住？

说到这里，我想到了一个特别有趣的案例。这个故事发生在几年前，在一次去武汉参加销售通气会的过程中，一名酒店服务员的微笑给我留下了极为深刻的印象。

因为工作原因，我经常会在外地出差，住的酒店多了，见过的服务员也不少。为什么唯独她给我留下了深刻印象呢？

虽然当时见到我的时候，她的微笑很专业，但我能很直观地体会到她的不一样。其他人通过微笑传递给我的是一种礼貌，而她带给我的感觉却多了一份明显的伤感。因为当时有事，也就没太在意，不过第二天我在大堂等朋友的时候，恰好又看到了那个女孩。她前一天的笑容一下子浮现在了我的脑海里，这种感觉让我很好奇。于是找个机会跟她聊了起来，简单的几句话，大概明白了为什么她微笑的背后隐藏了伤感——因为最近有家人去世了。虽然在上班，心中的悲苦却自然而然地流露了出来，即便她有化妆，有标准的微笑，有整齐的制服约束！

小姑娘的遭遇是不幸的，但也正是由于她的经历，让微笑脱离了职业的形式化，获得了击中他人内心的强大能量。由此可以看出，微笑最重要的一个元素在于真情实感。抛开了这一点，微笑的价值会大打折扣。

我说这个案例的目的，不是说我们要把悲伤或者负面的情绪带到工作中。而是希望大家能了解一点——单纯的微笑是没有意义的。要让微笑更富有感染力，扩散微笑的影响，还需要带一些不一样的东西。比如你的真诚——如果在赞美对方的时候让自己更真诚一些，用自己的真心跟对方交流，效果一定是不一样的。

当然，可能有人会说，真诚这个东西太玄妙，分寸拿捏不好。但是，要扩大微笑的作用，也是有技巧可以用的，比如说：

在微笑的同时，用你的行为去给对方服务。

单独的微笑有时给人的感觉比较单调，缺少立体的感染力。而如果将笑容和行动进行有机结合的话，感觉会明显不一样。比如在宴会上帮别人夹菜，帮女士扶板凳，帮别人开车门，甚至是帮别人把垃圾捡进垃圾箱等等，这些动作虽小，但在与微笑的结合中，会传递出一种乐观、有担当的人生态度。

让微笑发声。

仅仅有笑的形式是不够的，笑出声音也是感染力的一部分。我以前十分欣赏的一档商业脱口秀栏目《东吴相对论》，主持人梁冬那肆无忌惮的狂笑基本上已经成为了这档节目价值的重要组成部分。但千人千面，我们不可能事先知道每个人对笑声的态度，所以有一些关于笑声大小的通行规范在这里和大家说一下：在男士较多的场合，不管男女，笑声大小都是没有问题的；但是如果在女性居多的场合，男性最好控制一下笑的声音。因为大笑带给别人的感觉可能是真性情的自然流露，也可能是张狂富于攻击性的，这一点要注意。

给自己一个微笑的暗示。

前面已经说过，真情实感是微笑的首要元素，但如果确实找不到微笑的理由，是否在面对客户时就只能事倍功半地露出职业性的微笑呢？答案是否定的。这里有一个小技巧，每天早上看 10 个左右的笑话或者段子，这样做有三个好处，一是能够调节心情，减轻压力；二是在面对客户时，能够用其中最能让自己发笑的点暗示自己，从而自然地微笑出来；三是段子取材于生活，长期受此熏陶，能够提升幽默感。到那时，即便不看段子，也能从日常生活的细节中发现笑点。

用微笑打开与客户的沟通信道是一个价廉物美的办法，为什么不用呢？

你可以不是最好，但要与众不同

销售行业竞争激烈，仅在中国，每天就有数以万计的销售人员被辞退或者主动转行；同时，每天又有数万人或主动或被动地涌入这个烽火不断的厮杀猎场。不管是离开还是进入，求生存和搏发展都是其出发点和最终归宿。

为什么这一行那么火？因为它门槛很低，谁都能进来。但是门槛低的直接后果就是，80% 的人在销售行业做不过 3 年就会转行。

17 年前，和我一同跨入销售行业的同学和共事的同行们，如今仅有不到 1/10 的人还在从事与销售有关的工作。

但也正是因为在这一行坚持了下来，他们现在个个都是精英中的精英。比如某豪华品牌的汽车销售冠军，现在是身价上亿元的企业老总——虽然已经不再负责销售业务，但他在公司创下的销售纪录，至今没能被人超越。

这说明什么？

这些精英可能没有你长得好看，没有你能言会道，也没有你懂得察言观色，但是他们成功了，原因在哪里？

我觉得除了坚持，还有一个最重要的原因——他们在同质化竞争严重的环境下，找到了自己的特点。

所谓同质化竞争，首先是因为大家推销的产品都差不多。以保险产品为例，你可以去几家大的保险公司看看，针对小孩教育、医疗、终生保障的这些产品是不是大同小异？没有谁敢说自己的产品回报率是别家的 3～5 倍吧？既然这样，客户凭什么选择 A 的产品而拒绝 B 的产品？

其次，销售员接受的培训同质化也十分严重。做销售的，人员流动现象很普遍，可能你今天在甲公司做片区经理，明天就跳到竞争对手的公司做市场部主任了。这有个好处，就是行业里最先进的东西可以相互交流，但随之而来的坏处就是你有的别人也有。今天甲开发出了一个很好的培训项目，可能明天竞争对手乙的培训课上就用了，而且还更符合乙的产品特色。这样培训出来的销售员，就是个“万金油”，可以卖甲的产品，也可以销售乙的货物。那么对客户来说，感觉自然是千篇一律。

现在早就不是你便宜一块钱，我打折两块钱就能把东西卖出去的年代了。同质化竞争的不可避免，其实也带来了一种全新的销售思路——“逆流而动”。就是针对细分人群，寻找自己的差异，这个差异越具体，就越能够吸引自己独特的受众群体。

举个例子，这些年汽车已经在中国很多家庭中普及。如果把时间往前推10年，可能大家只知道一般家用汽车分两厢、三厢、SUV这几种，有些了解汽车的人可能知道还有一种MPV。

但是现在，光是SUV这一种汽车，就分为纯越野的SUV、针对城市路况的城市SUV，还有尺寸极小的迷你SUV，甚至还有所谓的跑车SUV。为什么会有这样的变化?

答案很简单——就是寻找差异，抓住细分市场。

比如城市SUV，针对的就是那些不常去野外，但是希望在节油的同时，获得SUV的宽敞空间的人群。而迷你SUV，则更多的是针对女性车主要求车小巧可爱，又具有良好通过性的需求。正因为这些车针对自己的定位人群有了更优化的设计，所以它们才能笼络更多的客户。

那么这个事情放在销售中，能给大家什么启示呢?

很简单，你的产品虽然是固定的，但是你能不能从固定的产品之上，找到它的与众不同?或者给它附加一个更具有针对性的新价值?要知道，人都喜欢与众不同的东西，因为它能够给自己带来新鲜感。如果这种与众不同又恰好符合客户的需求，OK，等着签单吧!

给你的产品，定义一个抽象且符合客户需求的新附加值。这就要求你不仅够聪明，更要真正去了解你正在销售的产品。比如一个豆浆机，你是只看到了豆浆营养、省事简便的价值？还是能看到无防腐剂，无添加剂，可以让膳食搭配更营养的价值？又如一部手机，其他品牌看到的是功能强大、灵活快速，而苹果看到的是和家人沟通，观赏女儿成长的照片，和好友连线游戏……相信我，前后两个卖点所能起到的效果是截然不同的。

当然，赋予产品附加值只是寻找自我特色的一个方面。除这一条外，另外一条与众不同的路径在于将自己的销售特长发挥到极致。

谈到销售特长，这里很有必要请各位问自己一个问题：你心目中的销售人员是怎样一种形象？

如果你的脑海中浮现出这样一幅画面：一群西装革履的男男女女，操着各式口音的普通话穿梭于市场、办公楼和酒桌之间侃侃而谈。如果你是销售人，那么有些遗憾，你答错了。但如果你是一名普通的消费者，恭喜你，答对了。

为什么这么说呢？

现在很多入行的销售人员先入为主地认定了做销售一定要能言会道，西装革履，这是一个很有问题的看法。诚然，在以沟通为主要工作手段的销售行业，能说会道确实是一个优点，西装革履也能给人带来专业而正式的感觉。但这些同样也可能成为沟通过程中的障碍。当客户与这种形象不期而遇时，很有可能会直接触发客户将自己的心理调整为防御状态或者说是利益算计层面。而相较于此，一个说话不多，看起来穿着比较随意但还算整洁的销售人员，却更容易获得对方的信任，此时，朴拙成为了可靠的标签，也是一种与众不同的有效表达方式。

比如我现在出去见客户，一定不是西装革履，那是初级销售员才会做的打扮。我可能是穿着很随意，然后请一些企业家朋友，一起在酒桌上吃饭聊天，然后很多生意就谈成了。当然，这是建立在我跟他们有足够好的私交的基础上。但即便是初次见面，我也不会刻意把自己打扮得过分“专业”。

客户可能会关心你开的是奔驰还是奥拓，因为这意味着你是不是值得跟他们坐在一起，但他们不太会关心你穿的是衬衫还是西装，因为相比于你的打扮，你能提供给对方什么样的服务，你对他而言有怎样的价值，这才是他们更关心的问题。当然，至于如何才能让客户觉得你有利用价值，这是我后面要详细讨论的内容。

在这一节的最后，我只想告诉大家，在销售行业，不存在统一的销售方法，你应该意识到产品的价值，更应该意识到自己的特色。

如果你本身不是一个喜欢侃侃而谈的人，削足适履地强求自己反倒会阉割了自身的优势，以己之短和同行的长处竞争，吃力不讨好。相反，如果一个人的优势在于语言的沟通，也完全没有必要刻意地控制自己，那样的结果很可能得不偿失。想要在销售中赢得一席之地，首先要明确自己的优势在哪里，进而不断地强化这种优势，在客户面前呈现一个与众不同的自己，方能有进一步的可能。

比如，朴拙的人可以着眼于让自己不多的语言更为精准，更加深入地观察客户，多为客户做一些实实在在的事情。而语言能力较强的，则可以着眼于自身语言表达的条理性、煽动性、表达的时机拿捏等问题。

你可以不是最好，但一定要与众不同，这是在销售行业活下去，求得发展的必备手段！

尊重自己才能赢得客户的尊重

可能很多人会觉得我在这一章里面要谈的内容有些抽象，比如微笑，比如特点，又比如这一节会说到的尊重。

其实，真正做了这么久的销售，做到现在这个成绩，很多人都会问我有没有什么技巧去让客户更信任我，更愿意把单子交给我来做。

技巧当然有，不过那是后面要说的内容。但是所有的技巧都有一个前提——你是个什么样的人，你把客户当成什么样的人。如果这个“根”没找对，一切技巧都只能弄巧成拙。

比如前面提到的微笑——你是真诚的笑，还是敷衍的笑，客户一眼就看得出来；又比如寻找产品附加值，这也不是让你生拉硬扯一个概念出来往自己销售的产品上套，你有没有真正去考虑客户的需求，他也是感觉得到的。

我有一位做保险的朋友，在别人都在为几千元保费的保单劳心劳神的时候，他已经可以轻松做到几百万元保费一张保单的业绩，连续几年都是他们公司的业绩冠军。他是比别人更能言善辩，还是有三头六臂可以去见更多的客户?

都不是！他做的事情其实很简单——在给客户做保障咨询的时候，他还会站在专业投资的角度去给他们提供资产配置建议。当然，这一步很多人也能做到，但是我这位朋友还会再多做一步，就是把他做投资公司的朋友介绍给自己的客户，让客户们可以接触到更多的投资融资渠道。

这个事情说起来似乎没什么特别，这些客户可能会选择把钱放到这家投资公司，也可能不放。但是对客户来说，这种感觉很不一样——因为他会认同我的朋友，觉得他不是为了赚自己的一笔保费，而是希望通过自己的服务，来让双方都获得财富上的成长。给客户这种感觉很重要，因为销售和购买双方原本对立的立场因此发生了微妙的变化。你去看那些做得好的销售从业者，他们一定是可以跟客户建立良好关系，甚至是亲密私交的人。

其实很好理解，如果我们站在客户的立场，你是希望把钱拿给一个处处替自己着想，希望通过自己推荐的产品，让双方都获益的朋友，还是愿意把钱拿给一个只想着从自己腰包里赚取销售佣金的推销员？

所以，做销售其实就是很简单的一件事——你愿不愿意为客户服务，能为客户服务到哪种程度？

再往下深究，这个问题其实就是你是不是尊重你的客户！

做销售工作确实很难，但客户藐视我们，不尊重我们，原因仅仅是因为我们要从他的口袋中掏钱吗？显然不是！收入总是要拿来花的，总是有人从他们手里拿到了钱。给你白眼，只能说明你的某些行为或语言触发了他心中的某根红线，他以此判断你不是一个值得尊重的人，当然也就更不是一个值得掏钱的人。

就像我做保险的朋友，他的客户里面不乏千万、亿万富翁。这些人难道就没有别人会向他推荐保险产品？当然不是！恐怕竞争者都要把他们的门槛给踏破了。可为什么最终收获结果的是他而不是别人？

我不知道别的保险销售员是怎么做的，但是有一点可以肯定，我的这位朋友一定在尊重客户方面比他们做得更好。什么叫尊重客户？不是说你满脸堆笑、满口赞美就是尊重了。而是你能不能站在他的角度去想问题，去帮他解决自己难以处理的麻烦，哪怕这个麻烦不是你分内之事。

这里说一个案例，是我几年前经历的一件事情，但是很有代表性，我在讲课的时候，经常会拿出来跟大家分享——一次去拜访客户的时候，无意中听到他的太太正在跟朋友聊天，说到为孩子成绩头疼的事情。

这个客户我跟了很久，但是始终对我保持不冷不淡的样子，我也一直没找到好的突破口。然而就是这个电话，让我看到了希望。他们夫妻俩不是纠结于孩子成绩总是提高不了吗？那好办啊，我有一位朋友是特级教师，在教学上很有一套，只要我出面去说，他肯定可以来给这个孩子辅导功课的。

我把这个想法一说，果然引起了客户夫妻的兴趣，开始跟我大谈教育感受。对方愿意开口跟你交流，这就是件很棒的事情了。原来他们也给孩子请过家教，但是最终都没能让孩子成绩有显著提高，所以他们也很希望能够找到一个有经验的老师来教自己的孩子。

这件事情我回去就跟朋友说了，他也表示愿意尝试一下。不过我还没有顾得上跟客户提这个事情，他反倒先把电话打过来了。这又是我们交往之中的一次突破，因为对方如果主动给你电话，显然说明他需要你。当客户需要你的时候，一切事情都变得好办了！

最后这件事处理得很好，朋友的教学方法很对孩子的胃口，辅导了几个月以后成绩大幅提升。这个事情过后，客户很感谢我，一笔大单子很快就签了下来。不光他自己会买我的产品，就连跟朋友吃饭的时候，也会经常把我叫过去介绍给他的朋友认识，很快在这个圈子里面我就积累了自己的客户源。

给客户的孩子找家教，本来不是我分内的事情，但是遇到这样的事情你要不要做？如果你有这个能力和人脉，可以帮客户一把，为什么不去做呢？你要让自己有被客户利用的价值！因为从客户的角度来说，你能帮到他，不管是解决当下的问题，还是帮助他获得成长，这才是尊重的体现。

相比于这个思维，那些说话的技巧、察言观色的诀窍，反而显得不那么重要了。

但是，不得不说一点：我们说要尊重客户，但是这有一个前提，就是你是不是尊重自己，尊重你销售从业者的身份。

有些人为了眼前的蝇头小利，夸大产品功能，编造虚假信息。这就是不尊重自己，自然也谈不上尊重客户。以前我在保险行业待过一段时间，所以很多例子会举到这个领域，因为我觉得保险业很有代表性，它经历了从混乱到规范的过程，而且现在可以说已经进入一个销售思路和技巧高度发达的状态，所以其中的案例更具有代表性。

现在来看刚才的那个问题：销售从业者是不是尊重自己的行业。为什么说到卖保险的，大家现在还会面露鄙夷？就是因为之前管理的不规范，让很多销售员为了让客户投保，编造、隐瞒了很多信息。比如说未成年的孩子如果身故，最高赔付额累积起来不会超过 5 万元或者 10 万元，注意，是累积，而不是单张。但是以前就有销售员故意隐瞒这个信息，劝说客户多给孩子买保险。结果真的不幸发生，原本以为自己可以获得几十万元身故赔偿的，最终只能拿到几万元，客户就会觉得自己上当受骗了。

除此之外，刻意夸大产品的功效，也是很常见的情况。比如电视广告里面常常有这样的画面：一杯药酒下肚，腿脚变灵活了，高血压也不犯了，甚至头发都由白变黑了……有那么神奇的东西，还要医院干吗？显然是骗人的。但这种“骗术”，很多销售员却用得乐此不疲，这种人即便一直在销售行业做下去，也永远只能留在最底层。

尊重自己，尊重他人，其实是做销售的一个道德标准。这本来就是比较抽象的东西。但如果要把它具象成一些可以实际操作的技巧，也是可以的。比如我总结了下面几点建议，供大家参考：

坚持良好的生活习惯。这一点看起来似乎和“尊重”扯不上关系，但是只要想一想就知道，你面对客户的时候，是不是应该保持良好的精神状态，而不是精神萎靡。这是对对方最起码的尊重。销售本身又是一件高强度的体力和脑力劳动，如果不能在睡眠、饮食等生活习惯上保持一定的警惕，长期在高压状态下过着昼夜颠倒的生活，自然会形成很糟糕的精神状态。我在工作过程中，只要条件允许，能走路就不打车，每天睡觉前做几个俯卧撑和仰卧起坐。周末还会邀请几个朋友在自己家里聚聚餐，在烟酒上保持节制，这些都能给身体带来积极效果。而你的精神状态比较好，在面对客户的时候就会感染到他，能让谈话气氛变得更和谐。更重要的是，如果客户在身体方面不太好，你还能给他一些建议——你看，你又多了一条被客户利用的价值了！

关心内心体验，接纳自己的价值观。从事销售一定会经历很多人和事，他们每时每刻都会对你的判断产生或明或暗的影响。从进入销售行业那一刻起，就要在心底树立一条核心的准则。可能由于各种原因，会说一些言不由衷的话，做一些情非得已的事。但无论如何，在原则问题上要对得起自己的良心。比如不过分夸大产品功效，不去欺骗、隐瞒客户相关信息，这是一个销售人起码的道德准则。

宽容地对待客户。前面的两点都在谈销售人员针对身体和心理上的自尊重建问题，属于幕后工作的范畴，是一个坚持的过程，最终会形成一种值得尊重的气场。但在这之前，有一点特别值得注意，就是对客户表示宽容。比如有些客户因为身份地位摆着那里，是一呼百应的企业老总，可能说话会有些不客气，甚至无意中伤害到你。你会怎么办？我的答案是——宽容。要试着去理解对方的心态，如果他不是恶意伤害，只是无心之言，你又何必介怀？我见过很多人，心理承受能力特别脆弱，客户说两句重话就受伤了，再也不敢跟他交流。而我如果遇到这种情况，一般是不会介意的，而且你要相信，等你们关系越来越亲密的时候，他一定会为之前的语气向你道歉，这意味着你用自己包容的心态和积极的服务态度赢得了他的尊重。

尊重，其实是一件很难的事情。但如果你真的能够试着去反思自己：有没有真正做到去尊重客户，为他着想；有没有去尊重自己所从事的行业，相信你的格局很快会打开，让自己的状态达到另外一个层次——当你的自尊和尊重被客户看在眼里的时候，一切问题都将回归简单。

一个项目能否谈成，条件一报，大家心里都很清楚。能成，签单。这一次确实不合适，下次再说。朋友绝对还是朋友，有困难的时候他不会含糊。中间省去了很多让人身心俱疲的酒席、猜疑，也能够获得更多的时间去提升自我，进而获得更广阔的发展空间。这就是销售高手和销售老手之间的区别，一个重于道，一个精于术！

2

Chapter

心态决定人脉，好心态让你更成功

心态，说起来是个很玄的词。但是你会发现，但凡在销售行业做到精英位置的人，都有一种强者的气场——他们高高在上却又平易近人；他们人缘极好，似乎周围都是千万、亿万富豪；他们对什么事情都充满自信，即便是别人眼中难啃的骨头……

但是你要相信，他们不是天生就这样的。可以说其中绝大多数人，都是从一穷二白、毫无人脉的低谷一步步走出来的。

能走到这一步，原因很简单——他们能够看到自己成功时的样子。这就像你站在河水毫无生气的一端，但是眼里看到的都是河水另一端的繁花似锦，这时候你就会想尽办法渡河。虽然不同的人用的渡河工具不一样，快慢也有所不同，但是只要眼睛盯着对岸，距离总是在一步步缩短。

但是换种人，如果他只盯着自己所在的这一边，眼里到处是荒芜萧条和断壁残垣，自然也就会觉得哪里都是这样，便失去了渡河的动力。

所以，好心态其实很简单，就是你能不能看到自己未来10年后的成功。

当然，这种心态的价值还不仅仅在于影响你自己，更多是能够借助它来影响你的客户。

客户只买“热情”的单

很多初入行的人都错误地以为，销售就是靠说话来赢得客户的，这其实是件很可笑的事情。我在一次宴会上见到了来自福建的保险皇后陈品奺，她是某公司最大年缴保费的缔造者——有客户年缴保费 2.2 亿元。当时在场的很多人都围着她问问题，希望能学到一些销售技巧。我记得很清楚，我身边一个人问了她这样一个问题：你平时跟客户说得最多的一句话是什么？

可能很多人会觉得，她说得最多的一句话一定是用来打开客户交流欲望的“钥匙”。毕竟销售最怕的不是客户说话，而是客户表面和蔼，心里有想法却不说。

陈女士想了半天，最后说出来的答案让大家哭笑不得：“我说的最多的一句话就是——来，把字签在这里。”

话术，真的是销售工作中的细枝末节。很多话我们每个人都会说，但是说话之外，你要去影响一个客户，这才是最不容易的事情。

2000 年，美国一家知名营销杂志做了一次大规模的问卷调查，对象包括连续 12 年平均每天销售 6 辆车的乔·吉拉德和日本推销之神原一平在内的全球著名销售精英。其关于销售中最有效元素的调查结果给我留下了很深的印象，超过 80% 的精英不约而同地将热情列为最佳选择。

不是高明的销售语言，也不是深奥的销售理论，热情这种不怎么好定性的感性状态获得了销售精英们的一致认可，足见热情在与客户沟通过程中的重要意义。

事实上，这样的结果并不是精英们个人经验的巧合。早在这项调查进行的很多年前，美国一位名叫杜利奥的科学家已经对热情的价值做了精辟的论断：

没有什么比失去热情更让人觉得垂垂老矣。之所以热情能够取得如此多的赞誉和认可，就在于它体现出了一种蓬勃向上的强劲生命力，而这种生命力带来的感染会在无形中带动客户的情绪。谁能拒绝对年轻生命活力的向往呢？

那么如何做到热情，并且让你的热情去影响到客户，这是我们最关心的问题。

说到这里，我又想起一个案例。大概是 3 年前，我负责公司新市场的开拓，销售护肤保养品。为了节约成本，我们招募了一批兼职业务员。这一批人里面，有个女孩给我留下了很深的印象——她只有 18 岁，刚高考完，想用暑期做做兼职。一般人做兼职，可能会选择去快餐店打工，或者发传单之类的。当时她作为一个完全没有销售经验的人，愿意来做这个事情，我就觉得挺好奇。

女孩对此的解释是喜欢跟人聊天打交道，能借助这个机会去接触不同的人，而且还有经济收入，是很好的事情。

对于她的回答我当时没有特别在意，只是觉得这个姑娘挺有想法。不过毕竟还太年轻，也没有销售经验，所以根本没有对她的业绩抱有希望。

然而两个月下来，结果却证明我错了——她交上了 89 份订单，和我们公司正式员工的销量差不多，这条消息马上在我们公司炸锅了。大家都想听听这个完全没有销售经验的女孩是如何创造这个传奇的，我心里也很好奇，便打电话叫她过来结算提成，顺便聊聊她的经验。

她的方法其实很简单，甚至可能在很多人眼里不值一提——产品拿回去，自己先试用，试用一个礼拜后，再拿着产品出去做销售。有渠道的人可能会主攻卖场或者美容店，她没有渠道，就在小区门口寻找合适的人去聊天。当然，闭门羹是免不了的，但是只要有人愿意跟她聊，她就会轻而易举地说服对方。因为产品都是她亲自体验过的，用过之后有什么感受，她说得能让人信服。虽然只是零零散散地卖出了几件产品，但已经算是很不错的了。也许是前期的积累做得到位，后来有一个客户买回去试了产品觉得真不错，于是一次性从她那里买了 30 套回去。

我们总说热情能够打动消费者，但是很多人就是不知道，热情是什么，应该怎样表现出来。

很多书里面会把热情和坚持搞混，觉得热情就是你坚持不懈地向客户推销产品，被拒绝一次两次，还是会再来。我们可以说坚持是你对一件事有热情的表现，但是把它等同于热情就有些牵强。比如你每天都会吃饭，但是这能证明你对吃饭抱有热情吗？

其实以我的经历来看，热情，就是你对要做的事抱有什么态度，你是希望把它做到最好，还是成也可以不成也行。这两个态度的差异决定了你面对这件事会付出什么样的心血。

比如，A 觉得做销售只是糊口的手段，卖出去一件产品，就会计算这次能从中得到多少佣金，他的专注度就在产品带来的利润上。但是 B 觉得，做销售是自己很喜欢的事情，可以跟不同的人交流，了解各种信息，而且他觉得自己销售的产品是真的对大家有帮助，抱有这样的态度，专注的点就会放在和对方的沟通，以及这个产品会给对方带来怎样的帮助等几个地方，那么他给别人带来的感受自然也是不同的。

比如兼职的女孩在跟客户介绍产品的时候，就一定会把自己的亲身经历拿出来分享，这种分享显然比只说这个产品怎么怎么好，有哪些功效更让人有共鸣。

其实这就引申出了热情的另一种含义——你对自己销售的产品是不是真的了解，你有没有真正觉得自己卖的东西是好东西。

我现在要买一个相对而言价值较大的产品，就会先去考察两点：一是销售的人了不了解这个产品；二是他自己用不用这个产品。这两点其实就是看一个销售员是不是真的很用心地对待自己从事的行业，这是销售产品的一个标准。

举个例子：2008 年我买了一套房子准备用来做投资，那套房子的价格其实不便宜，而且地理位置也一般。当时能选择的范围其实很广，可之所以最终选择了那套房子，是因为售楼小姐的热情打动了我。

这个热情，并不是说我来了售楼部，她很热情地端茶递水，介绍楼盘信息。这是表面上的热情，是一个专业的销售人员必需的。但除此之外，我在跟她沟通的时候，发现她对整个楼盘的信息掌握得十分全面，而且往往是我还没问，她就能把我想要的答案说出来。

比如，她看我是开车来的，就很主动地告诉我这个小区地面停车位价钱是多少，地下停车位是多少。甚至会告诉我可能的停车月租是多少钱，车位售价是多少。我们都知道，现在汽车越来越多，停车位已经成为了稀缺资源，对于有车的人，这一点是大家都关心的。

除此之外，我在问她楼盘建设好以后，周围的生活环境的时候，她不仅会告诉我将来会规划哪些道路，有什么市政公园，还会建议我，如果刚装修好就准备入住，可以去哪里购物最节约时间，去哪里散步环境最好，周围有哪些大型楼盘会带来怎样的基础设施建设。她还告诉我，这个楼盘是这家开发商的处女作，之所以价格比同地段的稍贵，是因为在建筑质量和材料方面把控得更加严格，甚至为了更加隔热隔音，每一扇玻璃都是中空双层的。这在当时的楼房里面尚属少数。

她提供的信息量让我觉得有些惊奇，显然这个售楼小姐比我之前接触过的人更了解自己所销售的产品。而这种惊奇在我得知她自己也选择成为这个楼盘的业主之后便可以理解了——显然，作为一个比客户更了解自己销售产品的人，她都决定成为该产品的消费者，这足以说明很多问题。

我觉得，这种销售态度，才可以真正称得上是“热情”，而她的热情打动了我，很快签约买下这套房子。后来，我好几次在小区里看到她开车上下班，而她的车，也从 8 年前的 Polo 变成了现在的 Mini Cooper，这没什么好惊讶的，这样的销售人才如果赚不到钱，那才是让人觉得不可思议的事情。

除了前面说的**了解你所要销售的产品和服务，对其保持自信**之外，还有两点可以帮助你提升自己的热情。

强化成就感和认同感在销售过程中的目的性，淡化销售的利益色彩。根据著名的梅约定律——只有从人的行为本质中激发出来的动力才能提高效率。无疑单纯的功利诉求远远没有成就感和认同感带来的幸福感强，虽然它们在事实上的联系十分紧密，但在心中排位的变化会带给客户截然不同的体验。每 5 天对自己的销售情况做一个总结，不用管收入的多少，只是把焦点放在与客户交流的过程和成交后客户对自己的反映（主要是积极正面的反馈）上，将这些统统写下来，有时间就拿出来看看，这个比每周看一下自己工资卡里的数字意义更为长远。

重视倾听的价值。销售中的热情不只是表现在自我表达的热情，更表现在对客户回应的热情上。一般而言，销售过程中"三七原则"（客户在整个沟通过程中的发言量至少要占 30% 的比例）很有效。如果客户发言比例太低，销售员就必须用自己的热情能量场去带动对方参与的热情，方法有提问（如"你觉得怎么样?""不是吗?""是吧?"等等）和提高热情的量级（如加大面部表情的变化等）。一个完全没有问题的客户是很危险的。

相信自己能，才能做得到

上一节我们谈到热情在销售过程中的价值和修炼方法，其中很核心的一点在于树立自我及对商品的信心。它既是热情得以发挥功效的基础，也是应对巨大竞争和业绩压力的前提条件。如果连自己都不能搞定，那搞定别人也就只能是说说而已。

说到搞定自己，我想到了一个案例。有一年，我注册了自己的公司。刚刚把相关手续办下来的那段时间，我接到很多推销办公家具的电话（顺便提一句，在拿到很有质量的第一手数据比如"我刚刚注册新公司"时，制造"偶然"的面谈机会比电话营销的效果要好得多，在后面的章节中我将详细谈到这个问题）。

确实，我也正有这个需要，就让他们过来谈谈，其中有一个家具商的推销员让我至今难忘。他带来的家具报价是几家中价格最低的，给人的感觉就是一定能拿下我这份单子，不给竞争对手任何机会。但是交易从来都不能和价格决定论画等号，他的报价虽然最低，质量也还算可以，给我带来的印象却是和公司的整体定位不协调。说得更为直白一点，就是档次比较低。我以为他们公司只生产中低端办公家具，他也没有就这一点做出进一步的说明。最后，我选择了另外一家家具商，价格比最低报价高了 8 万元，没有什么其他的原因，就是和我想要的风格更接近。

几个月后，我们又在公司所在的写字楼偶然相遇，他在 4 楼带领工人帮客户安装家具。我看那家具，档次不低，给我的感觉也很好。这一下子就推翻了我之前的判断，我觉得奇怪：既然有金刚钻，当时他为什么要拿那样一个水钻来报价呢?

在我正纳闷时，他也搞定了手头的工作，准备下楼，刚好看到我。他很热情地走过来，第一句话就是“谢谢你大哥，你解开了我一个心结”。这让我一头雾水，便和他在楼梯间聊了一会儿。

我把我的疑惑和盘托出，他也不隐瞒，把那次销售的想法跟我坦诚地说了。原来，他们公司的主推产品恰恰就是中高档办公家具，那次以超低价杀入竞争中的原因说来很简单。用他自己的话说就是“心里发怵，没有底气”。

他入行不久，几笔订单都是利用中低端产品的价格优势搞定的。他也想过把重点转到利润率更高的产品上，但一想到动辄十几万元的单子，心里就发虚。由于之前没有过大单成交的经验，他根本就不相信自己有能力一举跨越10万这个坎。所以和我交流时，又不自觉地回到那条老路上了。我拒绝后，他有些不甘心，通过各种打听，了解到我采购的家具类型和最终价格，后悔莫及。因为同样的产品，只需要多加7万元，甚至6万元，公司就可以出货。

单就这一笔业务而言，他的公司损失了一笔15万元的业务，他本人损失了至少5000元的收入提成，而对于我来说，相当于损失了1万元。因为我用更低的价格本可以购买到同样的产品和服务，没有买到就只能计入成本中去，这和亏损本质上没什么两样。一个可能双赢的结局就这样无声无息地溜走了。

交易失败的教训给了他很大的触动。他对我说了这么一番话：平时不敢对高价位产品“放手去做”，主要是担心自己没有能力去做这样的事。在心中已经假定18万元的单子一定比8万元的单子难做得多，客户会更挑剔，需要打点的关系更多，需要更高的谈判技巧等等诸如此类的理由。而实际上，这只是为自己的怯懦生产的麻醉剂，那些因素有一定的价值，但远没有想象中重要。

卖低端产品，同客户之间一而再再而三地拉锯，费时费力不说，最后还是只能在价格上兜圈子。总结起来，整个销售过程可以概括成一句话：接触——降价——再接触——再降价。这样做不仅是在战术上极其被动，还会对整个人的气场产生很糟糕的影响。

从那以后，他不断提醒自己：做小单也是做，做大单也是做。不做一定会损失，做了可能会损失，那么为什么不去做呢？

在这股劲的驱使下，他把自己扔进了之前一直望而却步的境地——销售中高档办公家具。虽然开始碰了几回钉子，那一两个月也过得比较辛苦。其间，重回老路的想法一次次地蹿出来，他守住了。开出第一个单之后，情况就大不一样了。这大半年来基本上就没有断档过。收入增长带来的底气是一方面的原因，更重要的是打破了自己的“心理牢笼”，几十万元与几万元都能够回归到交易本身上来，而非对订单无中生有的恐惧。所以才有了他对我说“解开心结”这段故事。

现在我们站在客户的立场上来考虑一下：

“那些因素有一定的价值，但远没有想象中重要。”其实就是一个很关键的问题——至少我在买东西的时候就不会考虑太多，因为预算可能是 20 万元，那么在这个范围内，15 万元还是 18 万元对我来说根本没有太大差别，当然，我能买到 15 万元的东西最好，如果买不到，18 万元的东西又喜欢，当然会考虑后者。

回到小伙子的问题上，他当时如果拿出的家具是最后成交的那一款，我肯定不会选别人，这是一个正常人都会做出的选择。实事求是地说，他是被自己的恐惧而非产品或价格所击败的。幸运的是，他从中吸取了教训——很多事没有想象中那么困难，解开了心结。在销售过程中，很多人都会面临和他类似的问题——对自己的销售经验和知识储备感到心虚。

这是最为常见的一个新销售“强迫症”，而实际上，这种担心是多余的。销售代表在销售过程中主要担当的是利益沟通者的角色。你所要做的仅仅是你需要什么，我们能提供什么，其中有哪些地方可以商榷，然后，就集中力量解决那些待“商榷”的问题就好。专业的知识自有专门的技术人员负责交流解答，客户也不指望你能给出百科全书一般的解答（你真的给了，他也不一定敢相信），而销售经验更是一个概念模糊的命题，从我们生下来的那一刻起，就开始积累销售经验了。向父母要零花钱，和他们谈判争取再看半小时电视的时间，小伙伴之间的玩具交换等等，处处都是销售。回头细想，那些以退为进，步步为营，偷换概念等方法与成人世界的销售法则并无二致。并且，客户的需求和个性从来都不是一成不变的，因此也就当然的没有统一的销售经验可言。这是一个只要敢于尝试，就一定会有收获的行业（失败也不例外）。

打破了自我设限的各种顾虑，下面就要谈一些重塑自信的具体方法。

认清自己的优缺点，扬长避短。

每个人都会经历一个认识自己的过程，通常是先从别人身上间接地看到自己的缺点和不足，然后是通过各种方式弥补这种不足，最后阶段是在保证缺点不耽误事的前提下，展现自己的特长。要塑造自信，最关键的一点就是不能在第二个阶段待太久，想把缺点变成优点的想法是不太现实的。比如说，你确实不能接受酒桌上的谈判气氛，那么没必要强求，现在有很多人也很反感这种方式，你完全不必担心没有你生存的空间。最好的学习方法就是向老销售员请教，观察他们，取其长，补其短。

为自己设定目标定额。

目标是一个很有用的管理工具，也是一个很神奇的心理调节工具。比上月销量翻一番，能做到吗？如果只是上司在会议上随口一问，答案就绝对是否定的。但是如果自己把它做成目标清单贴在床头，那么完成的概率就会有50%。记住，跟自己较劲是提高自信的不二法门。当你即便只超过了上月销量的30%，事实上能力已经得到了提升，但心中的那份拼劲儿还在，既然能完成30%，为什么不能完成50%呢？

集中力量拿下一个客户。

这是一种有些冒险但效果也是最为直接的方法，找到一个你认为最难啃的客户，留足一到两个月生活必需的口粮，暂时不去开拓其他客户。用一个月的时间专攻一个客户。当你最后拿下他时，你会真的相信世界上没有做不成的交易！

没有放弃购买的客户，只有放弃推销的销售员

世界上成功的交易总是有各种各样的理由。比如，交易的双方很对脾气，一拍即合。陆小凤有事要找西门吹雪帮忙，西门吹雪提出的条件是剪掉陆小凤嘴上标志性的胡子，陆小凤剪了，然后西门吹雪帮忙了。就这样简单，几分钟里说了几句话，交易达成!

再如，销售方提供的产品性价比很高，客户实在没有理由拒绝。现在一般大学里，通信运营商都会提供一种校园网的服务：凡是加入本校园网的用户，包月 30 元，通话时长上限为 3000 分钟。这样的交易能拒绝吗?

又如销售方提供的产品恰好是购买方需要的——我饿极了，周围都没有饭店，突然出现了一个卖盒饭的。尽管别的地方一盒盒饭是 10 元，他要卖 15 元甚至 20 元，我还是会买。因为他在正确的时间出现在了正确的地点。

这样的理由还可以列出很多很多，但交易失败的理由只有一个：销售员自己放弃了推销过程!

客户的需求一直在，这次交易没有达成，那么他只能在另外的推销员那里获得满足。就像你在昨天早上终于下定决心和那位买车的客户断绝联系，你再也受不了他在汽车饰品和保险上一而再再而三的要求了，你感觉自己退无可退，身心俱疲，没有什么办法忍受他了。当你合上手机，长舒一口气的时候，那个难缠的客户或许在半个月后已经开车带家人去春游了。你的放弃只是为竞争对手增加了一个目标客户而已，并且是一个你亲手培养成熟的目标客户，是不是有种为他人做嫁衣的感觉?

我跟大家分享一个案例，这是我一个做建材生意的朋友告诉我的真实经历。这个朋友在长沙，一次他得到消息，说南宁的一个开发商在做项目竞标。

消息传出来后，各方都开始动起来了。等朋友赶到南宁，竞争对手们大都已经将上至分管副总、下至经营预算部的科员甚至包括建工集团的门卫都扫了一遍。商场如战场，毕竟已经失了先机，要想在后程发力，一举扭转颓势，就必须做更多的努力。

不过随着朋友“扫楼”的进行，他越来越发现形势的严峻性。其他省来的竞争对手倒也还罢了，毕竟自己的产品在国内的知名度还不错，市场占有率也不低，在和他们过招时有足够的议价空间可供操作。但是，广西本地的同行就不好说了。他们本身实力不弱，最重要的是之前两方有过长期的合作，并且在一个地方，抬头不见低头见，要说打点关系，他们应该是做得最到位的。在拜访客户上上下下相关人员时，朋友说他处处都体会到一种“客气”，职业性的接待，职业性的填表，职业性的提交各种证明文件、产品资料，虽然他极力想找到一个突破口，但这种“客气”结成了一张网，让人完全无从下手。

眼看投标日期一天天临近，而建工集团那边的工作还是一潭波澜不惊的死水。朋友做了很多尝试，包括调动以前合作过的客户资源穿针搭线，还找到了一些专业人士，但一直无济于事。工程销售这一行好歹也有了7年的经验，但像这次完全无从下手的情况之前还真的没有遇到过，客户的询价总感觉像一种形式，凡此种种都在无形中导致了朋友的一个印象——这件事基本上不可能成功了。

有这种感觉的不止他一人，几个月下来，之前来谈项目的人基本上走得差不多了。朋友也想打道回府，但想想还有最后几天时间，他觉得应该再努把力，至少对自己有个交代。

也许真的是皇天不负有心人，投标前的第五天，朋友了解到一个重要消息——客户公司的总经理到长沙去参加一个大型经适房建设项目的说明会。虽然公司老总这次不是工程采购的直接负责人，但如果能把高层打点到位，项目拍板人岂能不给面子。等不及回酒店，他就立即给销售副总打电话，把这边的情况告知给他，希望他能做一些工作，让公司高管出面与客户的老总沟通一下，可以重点谈一下在经适房项目上的合作。

最后的结果是广西的这家建工集团从朋友所在的公司和广西本地的那家企业分别采购了 1500 万元，算得上是完满的结局。如果朋友像其他同行一样，看到成交希望渺茫后，形式化地走一走过场之后打道回府，那么这次交易也就真的没自己什么事了。

朋友的经历还让我想到了另外的一个问题，坚持到最后就一定有结果吗？

答案显然是否定的。比如无论怎样坚持，你也不能让来买菜的老太太买走两盒避孕套是吧，因为那东西不管再好，也不是客户需要的。这就涉及一个问题——什么样的坚持才有价值？

对普通推销员来说，要实现坚持的价值，第一步就是**要明确客户的需求**。老太太来买菜，这个需求就很直接明确。如果你是卖菜的，你提供的产品就是她需要的。客户最后总是要买菜，不是你的，就是其他人的。你比其他人付出更多的努力，也就有了更大的成交概率。但如果换个她不需要的东西，你怎么办？

可能有人会说，她没有这个需求，可能只是她没有意识到罢了。我可以去创造需求，去引导市场。

说到这里，可能有人会想到一个经典案例——把梳子卖给和尚。很多人在举这个案例的时候，都会不约而同地赞赏最后一个人，因为他说服了寺庙，把梳子当成礼物送给香客。

我觉得这是一个很诡异的案例，如果说生产香蜡的厂商去推销成功，我觉得是可信的，因为这二者之间的需求显而易见。但是梳子和寺庙之间本身是没有供需关系的，你非要很别扭地把二者生拉到一起，这很可笑。编这个故事的人建立了一种很糟糕的导向，让销售员相信自己能够无中生有地创造和掌控客户的需求，进而对真正应该关心的问题丧失专注力。

创造需求是一件很费精力的事情，财大气粗的公司可以用大量的人力物力来干这件事。比如，IBM 在 20 世纪 90 年代在各个国家推销电子商务，这是一种宏观的战略抉择，它有这个实力也有这个必要。但是也有公司投了巨资创造需求却失败的案例，比如即拍即刻的 DV，推出一段时间就马上销声匿迹了，为什么？因为闪存 DV 更轻便，数据存储更快捷。对家庭来说，这才是真正的需要。

而销售人员如果也抱着创造需求的心态一条道走到黑，那就是走入了一个很大的误区。正如前面谈到的和尚与梳子的问题，一个销售员应该坚持推销的是客户真正需要的东西，即便开局不顺，也一定要坚持下去，最后一旦成功你收获的就不只是单笔业务，而是长期的供应商身份。

在你和客户的交流迟迟打不开局面、内心开始动摇的时候，问自己一个问题：双方所谈的产品和服务是“一定需要”“可能需要”还是“未来需要”呢？

如果是一定需要，如朋友参与的项目，投标时间和采购金额已经确定，那么不到最后一刻，绝不放手。

如果是可能需要，比如老太太进超市买菜，推销员的有机蔬菜是一个可能的需要。也必须坚持争取，重点是放在给她留下一个很好的印象上，就算这次不能促成交易，也必须为下次沟通埋下伏笔。

而如果是未来需要，对单个的销售员而言，就应该果断地放弃。因为你所做的工作面临太多的不确定因素，从经济角度讲很不合适，例如，寺庙里未来可能会有一批居士入住，他们用得着梳子，推销员能为了几年后的客户坚持吗？

让坚持产生价值的第二步是**调整自己的心态，让内心变得强大。**

丧失继续坚持下去的勇气主要有两个方面的原因：对失败结果的恐惧和对自身能力的恐惧。

但如果我们仔细分析，就会发现，两个原因都站不住脚。失败的结果只是可能在将来出现，为一种可能性而忧虑，没有任何现实意义，相反会促成恐惧结果的来临。因为一旦陷入恐惧，也就拉开了自我催眠的大门。虽然表面上你所做的一切都是为了避开这种恐惧，比如放弃，比如向客户采购负责人疯狂行贿等。但本质上已经和恐惧的结果在思维上倾向一致了，这也就是人们常说的越怕什么，就越来什么。不是怕的结果主动向你靠近，而是你主动向它靠近。

而担心自身能力或者计划不够有竞争力则更没有道理，相信我，如果能力差距太过悬殊，那根本就不存在竞争的问题，因为销售需要成本，差旅费、公关费、做标书都是一笔不小的开支，没有任何一家公司会把推销员派到没有竞争可能的市场上去。既然已经加入了战局，就说明和竞争对手的差距并不大。更重要的是，害怕自己的计划不够周全，实力上有差距都是以竞争对手为参照标准的，但他们并不是我们的客户。实力最强的也并不等于成交希望最大的，如果是这样的话，竞争也就不存在了，客户考虑的成交因素很多，推销员没有资格贬低自己。

想明白了这两点，至少可以在心理上获得一种坚持的依托，但只有这些还不够，要想最终打动客户，在不放弃的基础上还需要有更多的技巧辅助：

时刻留意客户释放出的信息。

在销售的最后阶段，推销员不仅要做到高频度的人员拜访，还要做到随叫随到。此时，很多事情都很微妙，占有优势的对手可能在这个阶段出现大意，各种关系的博弈也进入最后关头。多在客户单位走动收集信息就显得更为重要。此时的客户就像菩提老祖，他可能会敲三下每一个弟子的头，但能领会到其中意蕴的人却只有一个孙悟空。

转换思维方式，不要一条道走到黑。

让高手答应教自己武功除了死跪之外，还有很多种方法。比如，黄蓉想让洪七公教靖哥哥降龙十八掌，一只美味的烧鸡就解决了问题——黄蓉想帮靖哥哥，洪七公想吃鸡，所以交易成了！朋友在那次交易中实际上也运用了这一招，既然正面是铁板一块，那就从侧面迂回，直接用一种外科手术式的方法分下一块“蛋糕”。

销售是一个以成败论英雄的行业，一个推销员的放弃就意味着别人多了一个成熟的客户资源，这件事儿无论怎么算计都不划算，不是吗？

不但要让客户花钱，而且要花得开心

一名称职的推销员，至少有两个目标应该贯穿销售过程的始终：

第一，让客户花钱。

第二，保持客户花钱过程的愉悦性。

谈钱这件事本身就具有很高的风险性。销售人一不小心，就可能毁掉耗费巨大精力培养起来的客户关系网。

注意，我这里说的是客户关系网。如果在没有达成第二目标的前提下，客户还愿意掏钱给推销员只能是出于以下两种考虑：

客户不得不购买他的产品。

这种情况一般也只能出现在两种背景条件下：

一是销售方处于市场垄断地位，客户没有实质上的自主选择权。这点很好理解：要开车，管他油价是不是“破八”，你总要加油吧。你所能选择的无非就是中石油或者中石化，但这种选择毫无意义。

二是推销员利用自身在信息、背景等方面的优势和客户无意的疏漏制造陷阱。这一点更不难理解。

比如，你在一家服装实体店里看中了一款服装，推销员红口白牙地向你保证，它绝对是今年刚到的新款，并且在性价比上比其他渠道有明显优势，5000元成交。但当你回家上淘宝一看，它不仅是旧款，还能800元包邮，而且是正品。这是信息不对称造成的购买结果。

不管是哪种情况，花这笔钱的感觉都像是明知道包子里有颗老鼠屎却又不得不咽下去的恶心，这种不得已的消费情况对客户关系的破坏是致命的。

在市场经济环境日益完善的大背景下，要想长期维持垄断地位很不现实，毕竟你不是中石油也不是中石化。做不到垄断，就必须改变销售的方法和思维态度。

客户“随机”地挑中了这一个推销员，而非指定的一个。

这一点听起来有些奇怪，但它确实是一个很现实的问题。

在销售过程中，往往会出现这样的情况：几家供应商的产品质量相差无几，价格差距不大，每家供应商在客户单位都或多或少地有自己的利益代言人。实际上选择谁、不选择谁成为了客户内部组织管理的一部分。

即便是打通了一把手，也并不意味着每次他都会把订单给你。领导需要的是平衡，他很清楚销售方和他的关系，他更清楚自己和同事们之间的关系。因此，这样的成交对于销售方而言，只能用“随机”来形容，因为，客户花钱所获的愉悦很单薄，这种关系很不牢靠，推销员并没有挠到客户的痒处，其随时都处在变化之中，选择甲和选择乙，重点却不在甲和乙的身上。

换句话说，就像客户在跟自己玩儿，像小孩儿过家家，今天和这个小朋友结婚，明天又顺理成章地和另外一个小朋友结婚了，销售员只是一个局外的看客。此种情况的结果看起来比“随机”销售要好，但事实上，他们却走向了同一条路——自始至终都没有建立起稳固而有效率的客户关系网。客户都没有把你当成玩家中的一分子，想要获得他们的持久支持无疑是痴人说梦。

除了这种为了平衡关系而产生的随机购买，更多时候客户会通过第一次的随机购买，形成一个长期购买。比如，我刚搬到一个新的地方，今天出去买水果，看到小区后面有三家水果摊，价格品种都差不多，但我说不清为什么就选择最靠外面的那一家了，这是随机的，但是如果我在这里买的水果觉得还不错，那么以后就会只在那一家买水果。

显然，要避免这种随机带来的不确定性，让客户获得愉悦的消费体验是成功的不二法门。比如客户来买水果的时候，在他还在筛选、尚未做出抉择的时候，可能你的一些行为会促使他决定把购买行为放在你这里。因为你的行为让他觉得舒服了——开心消费是一种真正双赢的结果。销售员从某种角度讲，一直在销售过程中扮演利益平衡者的角色，而平衡的关键点就在于是否把握了客户消费过程的愉悦点。抓住了则不仅业务上成交有望，在私人感情上也能有不小的收获。

前面讨论了这么多关于利害关系的问题，下面来谈谈如何让客户开心花钱的话题。

不管是推销哪一类的商品和服务，整个流程都可以概括为三个阶段：初次接触，过程沟通，销售达成。因此，要想让客户开心消费，三个阶段都应给予同等的重视。

具体来说，在初次接触阶段，客户对推销员的了解很少，他会在第一次会面时通过视觉、听觉的观察，将推销员归入喜欢、中性、厌恶这三种心理体验中的一种。作为下次接触时的基本情绪和制订预期消费方案。

例如，本来一位客户的购车预算在 20 ~ 30 万的区间，但是在和推销员接触之后，在车质量相当的情况下，他潜意识里会根据推销员给他的印象调整自己所能接受的报价，如果说对推销员有好感，能接受的价格可能在 25 万，而在感觉一般的情况下，他所能接受的报价则在 22 万以下，其中的价差就是一种典型的情感投资额度。至于给客户感觉很不好的销售员，根本做不成这笔生意。当然，这种差额是连客户自己都没有意识到的，但是作为销售人，你不能意识不到。

要争取到客户的这笔情感融资，可以在以下几个方面做工作。

仪容整洁，清爽，不出位。这一点是销售人员的基本要求，在见客户之前，照照镜子，检查一下牙齿、头发、袖口、裤腿等细节，不要让这些瑕疵成为你在客户心中的标签。

明确而又不职业化的开场白。一位到税务局去拜访副局长的计算机系统推销员，从自己上个月所缴纳的个人所得税谈起，就是一个不错的例子。操作要领在于将当时的背景和销售的主题联系起来。你要卖车，如果直接走上去跟客户说这车哪里哪里好，就显得太急于推销了。如果他站在旁边欣赏这款车时，你不妨站到他身边，做出一起欣赏的姿势，很随意地说一句："这款车的前脸造型挺有气势的吧?" 可能一下子就会产生共鸣——这叫"同向"，是一种很好的催眠方法。

多用开放性问题激发客户的表达欲望。比如"您觉得呢?""还有什么建议?"等等。这样做既能减轻客户面对推销员时的心理压力，也能从侧面收集到更多的客户信息，为下一步的协商沟通奠定基础。但是注意，有些人喜欢用"为什么"来提问，这虽然也是开放式提问，但是问多了"为什么"会有种咄咄逼人的感觉。很多客户很讨厌这种状态。在初次见面时，还有一点要注意，只需要对推销的产品特点做一个精炼的描述即可，不需要大费周章的去争取客户的认可，能够将推销员和他的产品在客户脑海中留下基本的印象即可。

对客户的一般性意见表示认可和赞赏。对较大的争议则采取不争论的搁置态度。谨记，初次会面阶段客户是舞台上的主角儿，你只需要陪他演好这场戏就行。

如果第一阶段比较顺利，那么第二阶段的沟通过程则应该主要关注以下几方面的问题：

收集更为细致的客户资料，厘清客户内部各方面的利益关系。

表面看来，推销员仅仅面对单一客户，将自己面前的这个人搞定就万事大吉了，但大部分交易情况并非如此。比如一个客户来你这里买空调，你是搞定他就可以了吗？其实你面对的是他背后的一个家庭！他必须考虑到孩子或者老人的身体状况、家中的经济状况、购买和安装的时间成本等等因素。买空调尚且如此，更何况一个动辄几十万的项目呢?

推销员带给客户的直接愉悦并不全面，他还希望你能理解他的角色和难处，如果可能的话，帮助解决他自己不好出面解决的问题。比如你若是能问清楚他的家里有没有老人、小孩，然后建议一些风度适中、又有空气净化功能的产品；又或者他看重的是价格因素，你就给他推荐一个性价比更高的产品，也许对方会感觉更贴心。

弄明白谁是最终的决定者，谁是负责具体采购项目的人，谁负责起草合同条款，谁是产品的直接使用者，谁承担日常维护工作，这些人之间是什么关系……都是推销员在构成沟通中必须做的功课，否则，一不小心踏进了雷区，不明不白的就失去了走向第三阶段的机会。

让客户明确而完整地表达出自己的需求。

明确可以用这样的问句来体现：

您选择这一款配件的原因是……

您愿意选这一种还是那一种……

既体现出客户的要求，还要从客户的解释中将这种要求理解得更为透彻。

需求的完整性可以用这样的问句呈现：

您还有其他方面的要求吗？只有这些了吗？

在这两项工作做完后，还有一件事不得不提，根据前面的提问总结出客户的需求并予以对方确认，通常的句式是："我根据您的要求做了一份清单，请看看还有没有什么遗漏。"这份工作的重要性在于既为客户提供了足够的表达空间，让他觉得自己的建议会足够被尊重，也为销售员的下一步工作提供了明确的方向。

坚决避免敌对情绪的出现。

毫无疑问，客户提出的要求不可能照单全收，就像做生意过程中，双方起初都会提出较高的要求。然后就是一个磨合的过程，这一点大家都心知肚明，不存在开心和不开心的问题。

推销员一定要恪守一个底线：坚决避免敌对情绪的出现。客户能接受旷日持久的谈判，但是如果出现了敌对情绪，所有事情都会变得相当棘手。因为客户一旦有了对立想法，就很容易陷入没完没了证明自己观点正确的逻辑上来，而达成交易反倒成为了次要目标，这对推销员来说，无疑是个悲剧。

因此，在客户表达出对立情绪苗头的时候，要马上打住。这里可以借用一下美国著名谈判专家罗杰的万能公式——感觉/同样的感觉/发现。

举个例子，如果客户对推销员的价格有较大异议，并开始抱怨：你们的价格简直高得离谱，大大超出了同行业水平……

这时候你可以说：我对您的感受十分理解，因为之前很多客户也和您有同样的感受。但是在成交之后，他们却发现公司产品（某一项特点）带来的额外收益是对得起这个价格的……然后顺势把焦点转到产品本身的讨论上，避开情绪对立的雷区。

在销售达成阶段，则有两点需要注意：

做好成交后的售后服务。包括两方面的内容：一是产品本身的质量保证和安装维护，切忌以次充好，随意安装；二是推销员的定期回访和使用情况反馈。

让客户体会到他在交易中是获利的。这一点强调的是除合同范围内的附加服务，例如按照约定，货物是在后天送达，但是客户临时有事儿需要明天送达，事实上，销售方有满足客户要求的能力，并且也会满足客户。但在这个过程中，要让客户明显地意识到这并不是合同之类的服务。因为一般客户都有一个习惯，认为成交之后提供的任何服务都理所应当，虽然起草合同的时候他很清楚这一点。这对于销售方而言就意味着服务没有体现出应当的价值。在客户要求明天到达的时候，推销员可以强化一下协调的难度，先让他觉得自己的要求你很难满足，再在最后的关键时刻实现这个要求，让客户在心中有一个衡量，进而觉得受益。

当然，要使客户开心消费还有很多细节需要注意，我会在以后的章节中逐步说明。

别做一锤子买卖，把客户当成你的合伙人

在销售行业，有这样一个特殊的人群，他们入行时间普遍在 3 年以上，说话很利索，酒桌上的规则也很熟悉，看起来给人的感觉很八面玲珑。年收入在同龄人中总是属于中下游位置，下不来多少，但也一直都上不去，这群人被业内人士统称为“老油子”。

公司每次招聘新员工，我都会不厌其烦地跟下面的人事部员工耳提面命：成熟稳重有干劲且有销售经验的员工优先录用，刚出校门性情纯良的应届大学生择优录用，销售“老油子”坚决不用。

这套录用标准不是我的发明，而是几十年销售经验以及和同行交流经验后达成的一个共识。

不可否认，如果录用了“老油子”，两个月内一定能够开单，而完全没有销售经验的大学生 5 个月也不一定能下单。相较之下，“老油子”能够更快地为公司带来利益，根据经济学的常识，销售人员早一天出单，也就意味着公司早一天盈利。不过，这些短期利益并不能掩盖对企业发展的破坏性事实。

之所以对“老油子”避而远之，在于他们就像一只只吸血的蚂蟥一样，一天天地蚕食着公司的信誉和未来的发展空间。

“老油子”们的一个最大特点就是崇尚线性的销售逻辑，认定了销售一定是一场你死我活的博弈。为达目的，他们可以采取任何手段，前言中提到的那位乙方销售代表就是一个典型的例子，他为了达到为自己尽可能牟利的目的，不仅可以置客户方的利益于不顾，甚至连自家单位也成了他运作中的一枚棋子。你能想象这样的一名员工长期待在公司的风险吗？

虽然出格到违法的“老油子”不多，但他们的思维习惯和人生态度决定

了销售中的效果。察言观色的经验，掩盖抑或是夸大本公司产品的某些性能特点，善施小恩小惠的手段等等都是他们得以下单的常见谋略。据统计，靠这些方法“攻下”的客户80%都不能形成有效的二次交易，因为大多数的客户事后都有一种哑巴吃黄连的感觉。

“老油子”们就像一群乔装成正规军的土匪，根本不在乎一城一地的得失，这一家没有希望了，立马转向下一家，那几套手段如果不能拿下客户，他们又会毫不犹豫地再转向下一家。因此，总有一些客户由于第一次接触，不明就里，让他们做成了“一锤子”买卖，保证了“老油子”不低的收入水平，这个群体也因此得以长期存在。

但这对公司无疑是个巨大的噩梦，“老油子”可以在公司客户中得罪一大圈之后拍拍屁股走人。他们是不愁找不到工作的，很多刚刚成立的中小公司还会奉他们为招聘时的上宾，一看简历就像是个人物，等开单时，就会确认他是个人物，但慢慢地公司领导会发现“老油子”只是“像”个人物，他们根本就不具备挑起公司大梁的能力和胆识，更不用说带领公司打出一片天地了。所以，在这里我也要提醒那些有创业想法的朋友们，在组建销售团队时一定要高度警惕这一点。

回到“老油子”对公司的影响上来，客户也许过一段时间就会忘记带给他不愉快的推销员是谁，但两年内一定不会忘记是哪一家公司让他吃了哑巴亏。毁掉客户关系很容易，但重建关系却难于登天。到最后，“老油子”早已拿走佣金消失在茫茫人海中，而为他擦屁股的巨大成本还得公司来承担。这值不值得？

销售同行对“老油子”的普遍厌恶，说穿了是对一种销售观念的集体抵制，唯利是图的线性思维模式极大地扰乱了销售圈的行业风气，也给消费者们留下了一个印象：推销员的工作就是每天在屋子里面琢磨各种各样的阴谋诡计，然后到屋子外面寻找冤大头买单。一小撮“老油子”轻而易举地坏了销售行业这一大锅汤，他们不仅搬起石头砸了自己的脚，长期不能在事业上有所突破，更是砸了所有销售人的脚，无端增加了沟通和信任成本。

现在绝大多数事业有成的销售人都认可一种被称为“合伙人”的销售观念。华为就是一个很好的例子。

华为公司现在已经成为了科技企业的代名词，而实际上，其能够获得如今成就的关键在于卓越的销售团队，而非大家所熟知的科技。

原来专攻铁路通信的中国铁通改制后，将要大规模上马面向公众通信的相关项目。因此急需建设本地通信网，这也就意味着需要采购大量的通信设备。而根据电信行业的技术特点，谁能抢占先机，谁就能利用设备配型和升级等技术门槛直接将竞争对手屏蔽在外。

当时，华为的一个销售团队负责华东某省的铁通项目。当时铁通的背景和供应商的竞争格局，如下表所示。

<table>
<tr><td>铁通概况</td><td colspan="3">1. 刚刚脱离计划体制，相关人员缺少面向大众通信市场的设计和经营经验。
2. 公司上下都有很强烈的危机感，虽然国家定位为我国第五大基础通信运营商，但从头开始的现状却很不乐观。
3. 时间紧，任务重。</td></tr>
<tr><td rowspan="2">竞争格局</td><td>华为</td><td>T公司</td><td>Z公司</td></tr>
<tr><td>1. 设备性能优越。
2. 品牌知名度高。
3. 价格比其他竞争对手高。
4. 之前客户体验很少。
5. 与铁通的客户关系相当薄弱。</td><td>1. 已有8000门交换机应用于铁通。
2. 产品老旧且运行不稳定。
3. 客户关系很紧密。
4. 铁通公司的主管部门持有T公司股份，该省项目直接得到上层支持。
5. 在设备的一项关键性能（话费网间结算）上有缺陷。</td><td>1. 产品性能优越。
2. 价格较低。
3. 市场策略较为灵活。
4. 铁通从未使用过其产品。
5. 客户关系为零。</td></tr>
</table>

从上面的表格中，我们可以很明显地感觉到，T 公司具有绝对的竞争优势。要想拿下至关重要的第一份订单，华为公司必须拿出有说服力的证据证明自己。

华为的销售团队针对铁通公司的发展现状，采取了以下措施，现在来看可以说是步步为营，谨慎细致，而且目标明确：

第一步，先不谈设备采购问题，而是利用自身在电信行业积累多年的资源，为铁通公司的未来市场经营策略提供经验支持和客户平台支持。

第二步，无偿为铁通公司的网络运营规划提供技术指导，指出由于经验缺乏而导致的设计漏洞。

第三步，提供详尽的市场运营分析报告，而对未来市场开拓的担心正是压在铁通管理层心头最大的一块石头。

第四步，回到设备采购上来，抓住 T 公司设备漏洞在话费网间结算过程中造成每月损失十余万元的事实，向客户说明市场拓展后，未来可能遭遇的更大损失。从而拿下了铁通的首笔订单，为下次进一步采购奠定了基础。

第五步，强调华为设备在为铁通减员增效上的重要效果，进一步狙杀竞争对手。

第六步，针对铁通公司刚刚起步，支出巨大且竞争对手启用高层施压的竞争策略，华为以退为进地做出让步：在铁通采购交换机数量达到 30 万台时，公司免费赠送 8000 台交换机而且可以等量交换为数据传输设备，为铁通下一步的传输设备埋下了伏笔。

第七步，进一步让步，克制住本公司其他配套产品如电源等顺便进场的冲动，给铁通当地领导释放内部舆论压力的一个渠道，通过采购其他公司的配件产品来平衡各方利益。这是一个很聪明的举措，让客户内部支持的人觉得轻松，不支持的人也少了敌意。

最后一步，之后等量转化的 8000 台数据传输设备进入铁通，由于技术特点的限制，铁通没有理由再采购其他厂家的同类设备。华为销售团队在这个省的铁通项目中取得完胜。

纵观华为公司在此项目中的所做所为，应该称得上是10多年来销售方和客户方最完美的配合。可以看到，华为销售团队做了许多业务范畴之外的工作——如市场运营分析规划，这和一个设备供应商的角色没有丝毫关系，但是他们做了，还做得很认真。

其实我们在做销售的时候，你会发现很多事情是在你本职工作之外的。现在去做，可能完全无利可图，而且会耗费你大量精力。但是要不要做，就需要好好考量了。我会觉得，有些事情可以做。比如，我的朋友的投资公司跟当地政府合作办了一个项目，每个月办一次高端论坛，邀请众多企业家来听。我答应免费给朋友去做关于营销和财富规划方面的讲师，朋友要给我讲课费，我坚决不要。这是我工作之外的事情，但我觉得很值，因为通过这个行为，我跟众多企业家、政府高层建立了很好的联系。在论坛上，他们都是我的学生，觉得我讲课不错，私底下彼此都会有很多交流。而朋友那边则更加紧密了他们之间的关系，在他的帮助和提点下，我才更能在销售行业有现在的收获。

现在回到华为的案例上来——他们并没有把推销重点放在自身产品的形象塑造上，而是将焦点放在客户的成本控制上，也做得很认真。另外，华为的销售团队抑制住了利益最大化的强烈冲动，积极为客户方减压，这一点可不是随便哪一家销售方都能做到的。但是他们做到了！

而一切的结果就是从2001年到2010年，华为占据了该省铁通设备供应的绝对主导权，但凡有大的技术升级改造如智能网项目，华为是毫无疑问的首选供应商。

“合伙人”销售思维就是这么神奇，一个总采购上亿元的项目，前前后后的销售费用还不到十万元，这也是我认为华为销售团队居功至伟的一个重要原因。

“合伙人”思维的核心在于为客户提供和创造核心价值，主要包括以下几点：

明确客户的核心诉求，并参与到实现的过程中去。

客户购买产品的重点不在于它有什么功能，而在于这些功能能为企业带来多大效益。正如华为销售团队所做的那样，铁通公司实际上并不关心是华为的设备还是 Z 公司或者 T 公司的设备，他们只看重哪家供应商能为将来的运营提供更多的解决之道，明显，华为做得比其他两家公司多得多。

明确客户的现实处境，并帮助其解决现实问题。

当地铁通分公司底子薄且顶住了来自上层采购 T 产品的压力，销售方应该理解客户的难处，并且通过实际行动共渡难关，8000 台免费的交换机和在配件竞购上的让步都做得很实在，也很到位。

坚信在销售过程中，没有哪一件事情是没有意义的。

销售方对客户所做的一切，他都会看在眼里，关键是你做了什么，越是大的项目，客户越是看重销售方的事业心。两相比较，高下立现！

用“合伙人”的思维做销售，不仅能缔造长久的客户关系，而且每次销售过程都转化成了一次创业历程，这是两个完全不在一个层次上的命题，当销售员真正帮助客户实现价值时，收获的就不仅仅是佣金，还有创业的成就感。这也是销售人最终的归宿——成为一名独当一面的企业家！

3

Chapter

知己知彼，像客户那样思考

销售的本质就是让客户认同你的产品和服务，然后愿意为其买单。

说来简单，背后却隐含了复杂的人性问题——比如说明明你的产品很好，价格也具有竞争力，为什么他不买？或者他买了，但是选择的却是别人？

前一个问题容易回答：因为他可能暂时不需要你的东西。不需要就是不需要，再好的东西也没用。但是后一个问题，就显得复杂很多。他选择了别人，也许是人家服务做得更到位，也许是对手跟客户的关系更紧密，又或许是背后隐含了某种利益纠葛……

但无论怎样，你都要明白，客户之所以没有选择你，一定是有原因的。原因在哪里，你需要搞清楚这个问题。

而搞清楚的方法，其实就是像客户一样去思考！

这看起来很难，因为揣摩对方本身就是一件几乎完成不了的事情。就连最专业的心理师都做不到去了解每一个人，何况普通销售人。

但你有没有想过，我们每个人其实都是顾客，只要去思考自己在消费时的心态，那不正是你面对客户时，他的心态吗？

所以从这个角度去看待问题的话，也许一切都不那么复杂了。

推销不是卖，而是帮助客户买

我曾经和学员们提到过“主人翁”的销售概念，这个概念其实很有意思，因为它是很多销售人常常会犯的错误——推销员销售的起点是自己怎么卖，还是客户怎么买呢？

将工作定位为赚钱，那么最后的结果是钱没有赚多少，反倒把自己弄得心力交瘁。而把工作定位为创业或者事业的话，结果则完全不一样：成功将是经济收入和人生价值的双丰收。即便失败，也不会有太大的失落感，因为从中收获了失败的经验教训，这对他来说本身就是一笔巨大的资产。而赚钱则不一样，赚了，得到的是钱；没有赚，那就什么都没有！这就是起点不同所引发的反应不同，在销售过程中也存在同样的问题。

如果将起点定在怎么卖上，那么推销员在客户面前所呈现出的是一种强烈的“主人翁”状态，它有两个明显的特点，一是以自我为中心，二是强烈的“护犊子”心理。

现在如日中天的苹果公司，也曾经在20世纪80、90年代遭遇过巨大的困境。当时其生产的Macintosh确实和同行产品比在设计上有优势：可视化的图形界面，强大的图形处理能力都是它的闪光点。但其动辄上万美元的价格却将很大一部分的普通消费者挡在了门外。

如果苹果公司能够及时转换设计思路，在具备一定性能优势的基础上，生产出更具大众价格的产品，或者说是全力精耕高端客户，都有可能扭转当时的销量颓势。不过，苹果公司上至企业高管，下至普通的销售代表都不这样认为，他们坚信：苹果产品的出现具有划时代的意义，仅仅依靠产品就能做到高低端客户通吃。

正是因为那份傲慢自大的设计和销售思路，苹果公司一度接近破产边缘。“王婆卖瓜，自卖自夸”本无可厚非，但类似于苹果依仗产品优势进行强销，却丝毫没有考虑客户针对性的做法，无疑是种无效的销售方法。遗憾的是，过了这么多年，还是有许多销售员在“主人翁”心态的蛊惑下徒劳狂奔。

比如我们走在大街上，经常会遭遇一些推销员推销商品和服务，有关于个人洗护用品的，有包括早教到商务英语在内各个层次的培训课程的，还有各式各样保险理财项目的。很多刚入行的年轻人刚见面就是一段对自家产品天花乱坠的吹捧式介绍，如果未能拿下客户，那么就将之前的吹捧打乱重组，再来一遍。有时候他们甚至认为：先激发客户心中的烦躁情绪，然后再利用客户摆脱烦躁的本能也能做成交易——这种观点现在很流行，但是我看不出这种看似高深的观点有何作用。

从实际效果来讲，以单一产品和销售方法对形形色色的客户进行强攻极不明智，既不能在交易量上有所突破，也不能真正提高销售水平，唯一的好处就是能使销售员的心理承受力有所提升。当然话说回来，提高承受力的方法还有很多，为什么要在这里吃苦受累呢?

消费者就是消费者，每个人购买行为背后都有不同的影响机制。比如个人洗护产品，客户是油性发质，他的核心需要只是一种能够有效控油保洁的洗发水，附加需要是在价格上与他的常规认知没有大的出入。

在这种情况下，一般三步就能促成洗发水的交易：一是得体的着装和稳重而温和的开场白；二是运用开放性的问题摸清客户的核心需要，针对需要有节制地介绍产品功能；三是报价。对于点到点的快消品操作，三步足以。如果三步之后不能拿下，只能说明两个问题：要么他讨厌你这个人，要么是现在这个时间段确实没有需要。不管哪种情况，在短时间内获得根本改变的可能性都很小。况且单件快消品的直接利润最多50%，死缠烂打的努力在效率上很不划算。这些都还不是最重要的，关键在于强攻下去会形成一种奇怪的状态，离销售的正道越来越远。

“主人翁”式的强销实质上是将客户和推销员放在了两条完全平行的轨道上。而销售员真正要做的是把自己加挂在客户的火车头上，这也就是我要谈的客户怎么买的问题。

推销员应该时时有一种搭顺风车的敏感，而不要妄图去充当客户火车头的角色，那很危险，即便你和客户之间的关系很好！没有谁愿意把自己的命运交给别人掌握，人类的本能决定了客户不愿受人支配的原始出发点，因此千万不要有把客户当作小白鼠的心态，他从来都不会给推销员试错的机会。

一个做大型工业设备销售的朋友为了拿下一笔大单，对一家国有企业的采购负责人行贿，东窗事发后，不仅那家合作企业发誓再也不跟他们公司合作，还基本上丢掉了那个地区的所有客户。由于当地客户的心里已经埋下了一颗“不安”的种子，虽然过去了 5 年，现在都还没有翻过身来。这就是一个惨痛教训。

不管是快消品还是耐用消费品，客户消费逻辑的原点都是安全。

这种安全包含两层含义。一是交易本身。例如，冬天到了，家里要买一台电暖气，客户对交易本身的安全体现在电暖气是否能够有效制暖，制暖片的材料是否合格，会不会有烫伤小孩儿的隐患，是否由正规的生产厂家生产，购买时能否获得有效的购买凭证和保修凭证等等，这些都是基于对交易本身的理性分析得出的合理担心。

二是交易之外的安全。比如客户和一位保险业务员签订了一份保单，客户有时候会有疑惑，保险业务员是否会把我的详细个人和家庭资料卖给其他人，业务员是否会因为签订保单的缘故而频繁造访，推销一些我并不需要的商品和服务，又或者他们是否会利用保单渗透进我的交际圈，给朋友带来不必要的麻烦，进而给我带来麻烦，等等。这种顾虑多来自于经验，不可量化，感性成分较重。

从这个原点出发，客户从需求的产生到交易的达成会经过以下几个阶段。

确定需要的基本范围。

相信大多数人都有这样的体验，任何一项消费的指向性在产生之初都是不明确的。需要一般也包括两个方面：一定的部分和空白的部分。比如，要买一个电饭煲，煮饭、保温、不粘锅底是一定的部分，而内胆由什么材质构成，是否能够电脑预约控制，是否具备多段保温模式，是否有水位灯设计等等特点则是空白部分，消费者自身也不清楚，但这些不清楚的部分恰恰是消费者站在货架前进行选择的重要参考标准。

确定所需商品和服务的价位范围。

与需求一样，价位也是一个浮动的范畴，通常消费者会自我设置一个最高限价，但这个限价一般有50%左右的浮动空间，也不排除意外情况的出现。比如本来你准备了1000元和朋友一起去买裤子，但在商场里发现了一款很漂亮的款型，你穿上之后特有明星范儿，引得朋友们一片惊呼，所以小手一抖，拿出信用卡刷走了3000元。

跟销售员进行试探性的接触。

在接触的过程中，客户会不自觉地把推销员看作是商品标签的一部分。销售员带给客户的印象往往会对产品的评判产生影响。比如，一个眼放精光、说话油滑的推销员会让客户觉得产品一定有什么瑕疵或者缺陷，推销员恰恰故意隐瞒了他们。虽然可能事实上产品并没有问题，但你无法阻止客户这么想的冲动。

而接下来客户要做的，就是根据接触得来的结论，框定2~3家的产品，动用拖延、观望、声东击西等方法为自己争取更多的利益。这种利益也包含两个方面，可能是情感上的，比如那一家的服务员给予了我更多的尊重和更好的接触体验；也可能是具体的利益，比如客户要买房子，已经圈定了不同楼盘的两套房子，一套承诺赠送阳台，而另一套则承诺新购房户免一年物业和光纤使用费。客户此时就需要做出抉择，而影响其决定的因素来自各个方面，既有外部因素如房屋升值潜力、周边环境、生活便利程度、孩子入幼儿园等问题；也有来自于家庭内部的因素，如妻子对在阳台上搭一把躺椅，看书喝茶情境的向往，客户父母对减免费用的渴求，等等。

和销售人员一起做出购买决定，并且期待销售员能够带给他成交之外的惊喜。每一个消费者都会或多或少地有这种期待。

从客户怎么买入手，往往能达到事半功倍的效果。根据以上讨论的客户购买思路，推销员实际上可以做到有的放矢地安排销售行为，水到渠成地促成交易。

在任何时候，推销员对一些基本问题绝对不要含糊其词，如个人姓名、工作单位以及详细的地址、个人联系方式等。并且准备好一份证明公司资质和产品的批准文书资料（包括公司登记注册资料，产品生产国家批准文号等的复印件）随时带在身边，也许这些资料对销售员而言，没有多大实际用处，但是对于增强客户对产品本身的安全感有很好的作用。而对于客户对产品之外的不安全感，推销员一定要培养一个习惯，把问题在桌面上和客户摊开，比如确实希望进入已成交客户的人际圈，可以大大方方地向客户提出来，表明自己想做什么，可能采取哪些方法，请客户做决定和提供建议，这样一来，问题就会简单得多。

在和客户开始接触时，首先搞清楚客户一定需要的部分，然后通过循序渐进的沟通将自身产品的特点，尤其是区别于竞争对手的特点慢慢地植入客户需求的空白部分并将其深化，向一定需要的部分转化。这就是销售高手常说的参与客户需求的制订，为竞争对手设下门槛战略。当然，这种植入不是轻而易举就能办到的，在工程项目中需要勤跑动，打点关系。而在日常消费品过程中则要挖掘客户的背景信息，如客户的兴趣，家庭成员等，假如客户家中有小孩儿，那么就可以将电饭煲有效防止米汤溢出和蒸汽喷射的特点加以强调。记住，不管怎样，都是以客户为基本导向的。

试探出客户的心理价位，然后确定自己的心理价位。对于价格沟通而言，从高到低的降价是必经的过程，但推销员一定要注意降价的节奏和幅度，比如说，最初报价是500元，销售员能接受的最低价格是400元，那么一定不能这样降：480元，460元，440元，420元，400元，也不能一百一百地降，这些都只会让客户产生期待的观望心理，可以采取按比例降价的原则，比如第一次降到470元那么第二次最好降到455元［（500－470）/2］，第三次降为445元。一般而言，这样的降价，三次左右，你只要守住底线，客户就不会有多少想法了。

和客户交流时，保持诚恳。这点是基础，就不必再多浪费笔墨了。

通过客户货比三家的心理摸清竞争对手的筹码，做出相应的应对方案。比如客户为了达到争取更多利益的目的，会把竞争对手提供的条件暗示给推销员，如上面提到的那两套房子的问题，送阳台的推销员必须通过自己的业内资源做出一份可量化的对照表，把阳台和免费项目带给客户的好处罗列出来。找到对客户最有吸引力的部分。比如通过观察，妻子在客户家庭中占有更多的话语权，那么就在攻单时强调阳台带来的浪漫情趣。

给客户带来额外的惊喜。最常见的一种手段是推销员事先隐瞒一项优惠条件，如买房时赠送家居建材代金券等，普通的销售员会把所有的条件（甚至是自己编造的条件）抛给客户以赢得订单，但高级的销售人员会逐步地释放这些条件，因为他们知道，已有的条件已经足以拿下客户，而在成交后再给客户以惊喜，就意味着自己有了一把进入客户背后关系圈的钥匙。

巧妙勾起客户怕买不到的心理

在这一节的开始，我们暂且把销售问题放在一边，问自己几个小问题：

第一，你最近一次感到心情很失落的原因是什么？

第二，你最近一次花费超过 1 小时排队购买的商品和服务是什么？

第三，你对“家花没有野花香”有什么看法？

找一张白纸，把你的答案写下来。让我来猜一猜你写了些什么。

关于第一个问题，我的答案是一组关键词：钱，人，感情，理解。当然，还要在每一个关键字前面加上一个“缺”字，这是关键词中的关键字。

关于第二个问题，我的答案是：挂专家号，预定某一款数码电子产品，买车票。

关于第三个问题，我的答案是：新鲜感，激情，逃避，困顿。

现在看看你写的答案，是否和我有一些共同之处？

我相信多多少少会有重叠的地方，原因不在于我玩了文字游戏，而在于这本来就不是我的答案。这是近一年来我为每期销售学员做培训时根据他们的回答统计出的高频词汇。

其实，从对这三个问题的回答上不难发现，能够有效影响人们情绪和观点的商品和事件都有一个共同点——稀缺性。

你最近感到不开心，表面原因可能是卫生间的马桶坏了，自己男朋友却迟迟没有解决这个问题，它给生活带来了不方便。而深层次的原因则在于你从男朋友处理这件事的过程中，感到了一种爱和重视的稀缺，也许你们之前有，将来也可能会有，但在此时此刻，它具有稀缺性，所以心里感到空落落的。

同样，“家花不如野花香”也是这个道理，长时间朝夕相处的生活，夫妻之间变得太过熟悉，除了长期生活沉淀下来的亲情氛围，剩下的就只是满地鸡毛的凡尘俗事，纯粹爱情带来的刺激成为了稀缺资源，所以，他们（不分男女）出轨了！

商品和服务的稀缺性导致的抢购行为就更为常见。我还记得，1992 年的时候，深圳第二次大规模发行股票，由于之前已经有人通过买股票赚了数十倍于投资的利润，加上媒体的推波助澜，全国人民发财的欲望都被点燃。发行前的公告称：深圳市将向社会公众发行面值 5 亿元的新股票，采用认购抽签表的方式认购。8 月 9～10 日两天集中发售新股认购抽签表共 500 万张，中签率为 10%；每张表 100 元，每一购表人可持 10 张身份证购 10 张抽签表，中签者可买 1000 股新上市股票。

当时有超过 120 万人在深圳参与购买抽签表。而由于供应总量很有限，加之发行方有一些走后门的行为，导致大部分人在 8 月 10 日这一天未能购得抽签表，愤怒的人群引发了一场大规模的骚乱，史称“8 · 10 事件”。

可见，不管是情感生活范畴，还是经济交易范畴，稀缺性都是人们采取行为的重要触发点。不仅如此，对稀缺性的追逐也是人类的一种本能，德国著名的完形心理学派对此做出了精辟的说明——我们每个人都会不由自主地追逐一个完整的心理图形。当一个信息或者情绪进入到人的大脑后，会触发心底一种本能的渴望——得到它。而如果由于某种原因这个心理图形不能完整的话，人的内心就将受到长期的煎熬和折磨。

这一理论也很好地解释了“饥饿营销”得以运作的原因。销售员如果能对稀缺性进行科学运作，往往能够大幅缩短销售周期，提高客户的下单率。

理论上虽然如此，不过要想将“稀缺性”经营好却不是那么简单。

在公司层面，利用“饥饿营销”手段获得巨大成功的，不算如今正在成长期的小米手机，可以称得上经典的只有苹果一家。其他的跟随者非但没有调动起消费者的饥饿感，反倒是把自己饿死了，或者正在被饿死的路上苦苦挣扎。

而在微观的推销员层面，要想客户买自身产品“稀缺性”的账，更是不容易。在市场环境充分竞争、产品同质化严重的背景下，要想在这条道路上有所作为，必须有一套细致的流程规划和方案设计。下面的这个案例能够为推销员如何设计“稀缺”流程提供很好的参考，这也是我前面提到的一位做房产生意朋友的真实策划案。

当时他们公司为南京一家高端楼盘做整体的营销推广策划，并提供销售过程中的顾问服务。开盘在即，公司首先将整个销售流程分为了四步数十项内容，详情见下表。

流程构成	具体操作方案	
对客户资源进行优化整合	确认销售目标	根据本楼盘的基本定位，所处位置的区位条件，同类楼盘的历史成交数据和销售状况以及客户的消费背景构成计算出本次销售的目标量。
	量化目标达成所需的客户量	根据行业惯例和楼盘特点得出基础客户计算公式，比如 Y 为销售目标量，甲为认筹（缴纳意向金的客户）转大定（签订意向性合同）的百分比，乙为到场客户转化为认筹客户的比率，丙为来电咨询客户转化为到场客户的比率，假定 Y = 300，甲 = 1.5，乙 = 3，丙 = 3.5，那么至少需要 4725 个（Y × 甲 × 乙 × 丙）客户来电数。

续表

流程构成		具体操作方案
对客户资源进行优化整合	明确客户回笼的时间节点	销售场地竣工时。
		主体工程出地面四层时。
		单体或者整体工程模型出炉时。
		公开样板房时。
		进行 VIP 登记时。
		……
	制订准确的信息送达通路	以精确地量化客户数为基础，根据行业的通行规则，确定信息的投放渠道和数量，比如传单派发的投送率最高，但能够转化为到场客户的不多，而报纸作用周期较长，其能带来的到场客户数是最多的！
	进一步提炼优质客户资源	主要是通过不同的报价方式来进一步筛选客户，主要有价格区间法，周边（区域）价格试探法，平方米均价法，总价法。
营造商品稀缺性氛围	外部热点营造	明确项目整体的文化定位，本楼盘重点为“汇聚顶级资源的高端价值平台”。
		人海战术：通过组织万人看盘活动迅速聚拢人气。
		跨区域立体推广，进一步壮大声势，例如在北京、上海、苏州、深圳等地同步推广。
		整合媒体营销资源，做到多层次而统一化的立体覆盖。
		赞助和承办与项目定位相关的活动，如高尔夫球赛、企业家论坛等，在借势营销的同时，提升在高端客户圈中的曝光率和影响力。
		媒体炒作：主要集中于民间的故事化传播，销售状态的持续利好，楼盘代表的成功者生活想象。

续表

<table>
<tr><th>流程构成</th><th colspan="3">具体操作方案</th></tr>
<tr><td rowspan="10">营造商品稀缺性氛围</td><td rowspan="9">内部开盘空间设计</td><td rowspan="2">在卖场的空间布置上做文章</td><td>在整体上体现出客户的集中性，不要将布局分散。</td></tr>
<tr><td>与楼盘的宣传重点相搭配。</td></tr>
<tr><td rowspan="4">体现出开盘流程的倾向性和严谨性</td><td>确保等候区井然有序，而选房区可以人为制造一些喧嚣气氛。</td></tr>
<tr><td>注意截断购房客户和非购房客户之间的信息交流，推销员应及时出面引导分流。</td></tr>
<tr><td>保持看房区的相对私密，以减少客户的受干扰因素。</td></tr>
<tr><td>在等候区设置餐点、桌游等，以延长客户等待时间。</td></tr>
<tr><td rowspan="2">合理设置SP（促销）环节</td><td>从外场等候到财务部签单确认，整个流程安排呈单线递进状态。</td></tr>
<tr><td>推销员不用强行营销，要向客户释放出仅仅是完成例行工作的信号。同时要组织客户排队并做好解释工作。</td></tr>
<tr><td colspan="2">再次运用总价法、价格区间法等手段确认客户资源质量和购买意愿，进一步调整销售策略。</td></tr>
<tr><td rowspan="9">客户数据定量分析</td><td rowspan="9">确定已有数据的价值所在</td><td rowspan="3">来电数据量</td><td>产品印象验证。</td></tr>
<tr><td>信息投放效果验证。</td></tr>
<tr><td>目标客户构成验证。</td></tr>
<tr><td rowspan="6">来人数据量</td><td>确认客户需求的主要立足点。</td></tr>
<tr><td>成交和未成交原因探究。</td></tr>
<tr><td>客户对定价策略的反应。</td></tr>
<tr><td>产品特点与客户需要的偏离因素验证。</td></tr>
<tr><td>产品定位与客户构成间的关系，是否有意外情况发生。</td></tr>
<tr><td>媒体投放与导向客户之间的比例关系。</td></tr>
</table>

续表

<table>
<tr><th>流程构成</th><th colspan="4">具体操作方案</th></tr>
<tr><td rowspan="16">客户数据定量分析</td><td rowspan="5">确定已有数据的价值所在</td><td rowspan="5">订单数据量</td><td colspan="2">成交均价与目标均价的差异化因素。</td></tr>
<tr><td colspan="2">成交时间节点对潜在客户的心理影响。</td></tr>
<tr><td colspan="2">成交客户分布属性。</td></tr>
<tr><td colspan="2">成交量与预期量之间的关系。</td></tr>
<tr><td colspan="2">成交客户之间的交叉影响关系。</td></tr>
<tr><td rowspan="4">数据解读的方法设计</td><td colspan="3">注重同类数据短期内的比例变化。</td></tr>
<tr><td colspan="3">注重长期均值统计与当周数据的对比。</td></tr>
<tr><td colspan="3">注重部分交叉数据的整体分析。</td></tr>
<tr><td colspan="3">注重对异动数据的分析。</td></tr>
<tr><td rowspan="7">案例解读示范</td><td rowspan="7">影响要素</td><td>年龄</td><td rowspan="7">比如，叠加投资客户的典型特征为：35～45 岁首次购买别墅投资客。有多套房产，居住在不超过楼盘所在地 20 公里半径区域内，职业多为私营业主或者企业中高层管理者，私家车价位在 40～80 万元之间。他们的关注点在于认可开发商品牌和所在区域的发展潜力，对别墅的品质、面积、空间构成等都较为满意，选择这类户型是因为可以将地下室写入房产证且总价相对较低，为以后的卖出提供了便利。</td></tr>
<tr><td>客户工作性质</td></tr>
<tr><td>家庭构成</td></tr>
<tr><td>购房情况</td></tr>
<tr><td>居住地</td></tr>
<tr><td>私家车情况</td></tr>
<tr><td>对开发商品牌的印象</td></tr>
</table>

续表

流程构成		具体操作方案
利用稀缺性进行快速攻单	目的及应用范围	目的：寻求一种立竿见影的短线营销效果。 应用范围：针对目标客户的攻单阶段。
	常用方法	1. 打电话或者接听电话时“无意”泄露出关于商品的重要信息。操作要点有二：电话内容必须要直接或者通过第三方的方式接收到；使用真实的私人电话。 2. 现场销售人员的情景配合，力争快速下单。操作要点有四：明确沟通的核心人物和其他人的分工；建立一套暗语体系；动用对房源、楼层等销售数据的技巧性表达，进一步强化稀缺性；切忌人多口杂地一拥而上。 3. 以退为进，给予客户一定的考虑时间，但一般不要超过半个小时。此方法主要应用于销售态势较好的情况，暂时的搁置反倒能让客户感动一种无形的压力。
	注意事项	1. 销售团队必须有充分的事前演练，切忌仓促上阵。 2. 确保有松有弛的销售节奏。 3. 针对客户特点应用不同的方法，切忌盲目运用。 4. 参与快速攻单的销售员不宜过多，控制在 3 ~ 5 人为宜。 5. 同一组客户切忌在短时间应用同一种方法两次以上。

从这份长长的表单中我们可以看出，利用“消费者”的稀缺心理进行销售绝对不是单纯的吊胃口那么简单，前面我已经讲到，现在市场上的竞争相当激烈，在销售员吊客户胃口的时候，客户也在娴熟地运用“上帝”心理吊推销员的胃口。产品质量相当的情况下，要想让客户感到“稀缺性”的压力，则要求销售方在流程设计上下大功夫，可以毫不含糊地说，饥饿销售策略已经成为一门很精细的科学工作。

朋友提供的案例虽然是针对房地产的，但其中的一些原则和技巧则具有全行业的普适性。

比如：

（1）精确测算出原始客户数量，其中提到的公式——Y×甲×乙×丙，在任何行业都能够有效运用。当然，我不能给大家一个具体的参数，毕竟每个行业的特点不一样。要解决这个问题最直接的办法就是像前辈同行请教，不要怕问，这个问题一点都不丢人。这些数据是营销得以成功的基本前提，也是敢于进行“稀缺”销售的资本。

（2）不断地筛选客户资源，正如这次房产销售中所体现的那样，不管是销售前期还是中后期，这项工作都应该持续进行。因为要在客户心里打下稀缺性的烙印，就只能是针对特定的、有消费能力的人群，广撒网意义不大。并且“饥饿销售”看起来让推销员省事儿了，焦虑的压力都在客户一方，而实际上，这种方式需要推销员做得更多，不仅要承担巨大的风险，还必须不动神色地关注客户动态，实时跟进，工作强度之大，可见一斑。因此必须将精力放在可能性最大的客户上。

（3）不断研究销售数据和客户沟通频率，进而制订出有针对性的销售策略，例如本周出现了近几个月来客户看房的峰值数据，就应该在这个阶段组织进一步的大型销售活动，趁热打铁。

（4）要有敏锐的借势销售意识。本案例中房产商的新闻炒作对普通的销售员同样有价值。比如国家现行的经济形势，行业内的销量数据等等，都能成为烘托商品稀缺性的重要信息，可以在理性上对消费者思考进行一定的引导。

（5）表中所提到的促销技巧对其他行业同样有效，可酌情参考运用。

当然，饥饿营销最重要的一点在于节奏，每个推销员可以根据自身情况，结合上面的五点建议，适时调整。

还是那句老话，有人争的东西才是好东西，要想利用好客户对稀缺性的依赖成交，就一定要在自身上多下功夫，体现出销售的严谨和科学化！

人人都有从众心理

几年前和一位广告界的朋友聊天，他当时问了一个很有趣的问题：你觉得哪支广告在中国的认知度最高？

我当时几乎想都没想，就说了一句“脑白金”。

朋友却摇摇头，说这个答案只局限在让人记住，记住不是认可。而真正让人不仅记住，而且愿意付诸行动去消费的，还是中国移动的那句：“我相信群众。”

这个结论是有依据的，可能在城市里体现得还不是很充分。但是把视角放大，我们就会发现，在繁华的城市中心，你能在巨大的电子显示屏上看到它，也能在大多数人一辈子都不会听说的小村庄上看到它，土墙上，各种等级的公路旁，可以说凡是有移动基站的地方都有它的足迹。你能想象这是多么强大的广告投放实力吗？

出于职业敏感，我想到了另外一件和中国移动有关的事——在农村，很多之前安装电信话机的用户那几年纷纷掉头，投向了中国移动的怀抱。

由于农村大多具有地广人稀、地质条件变化多端的空间特点，又有人均收入少、文化水平较低的人文特点，因此，一开始，布点早、信号稳定且操作简单的中国电信在农村是最先站稳脚跟的，简单的七位数字，提起又放下的接听方式，很对老乡们的胃口，占据了绝对的市场优势。

不过之后，农村消费者的胃口变了，尽管座机仍然是主要的通信工具，但通信运营商已经逐步转变成了中国移动。我曾经问过一位老家的表叔，好好的电话，为什么要把它换掉呢？回答很简单：其他人都换了，我也就换了呗。

这个回答几乎和葛大爷的“我相信群众”一模一样。但据我在闲谈中的了解，转换移动运营商的过程和原因并不像表叔所说的那样简单。

首先，表叔所说的其他人都换了，就是一个很值得商榷的概念。我了解到：在表叔长期经常性往来的人群中，至少有1/3是没有更换的。注意，我这里还特意把“其他人”限定为与表叔有经常性往来。而根据我的了解，表叔所指的其他人还很可能不限于此，因为他还提到过“城里人都用中国移动”。其中的谬误成分自然更加显而易见。可以看出，这个原因是一个很随意的感性表达。

其次，我们知道，转换运营商是需要成本的。对于农村的座机用户而言，把电信换成移动不只是花50元买张号卡那样简单，它意味着至少上百元的支出——其中包括移动座机硬件。

最后，我们来看电信运营商和移动运营商具体能给老家的乡亲们带来什么。

中国电信：基本执行的是接听电话不收费，每月基本支出为10元定额加3元来电显示服务费。而通话资费为0.1～0.7元每分钟不等（从市话到长途），无其他要求。

中国移动：初装时，用户总共缴纳400元，获赠话机一部外加200元话费，通过每月返还20元的方式进行。规定每月的固定消费套餐为20元，通话资费水准与中国电信而言，综合水平要低0.1元左右。

实际上，从以上三点分析可以看出，按照每月基本支出计算，用户使用话机超过一年半后，中国电信的服务是占有一定优势的，因为农村用户在话机使用上有一个特点，接听次数远高于拨出次数，这也就意味着中国移动相对而言的资费优势没多大实际意义。

但不管怎么说，结果就是相当一部分老乡变更了自己的通信运营商。通过之前的分析可以看出，这并不是一个理性推演得出的结果，那么他们为什么这样做？是被广告蛊惑，还是另有原因？

当一件事情很多人去做，但是又显得不够理智的时候，往往都是从众心理在起作用！

美国心理学家艾略特·阿伦森在其名著《社会性动物》中对从众做出了很有说服力的判断：由一个人或一个团体的真实的或是臆想的压力所引起的人的行为或观点的变化。

搞清楚这一点，对于理解和促成与客户之间的交易有重要价值。

一个人是否从众主要取决于以下几个关键问题：

个人自信心的强弱，比如老家的许多用户都或多或少地明白送话费、送话机，甚至送菜籽油都是一种营销手段，羊毛终究会出在羊身上。但一些自信心较弱的人会对这种判断产生怀疑：我是不是想多了？现在有摆在面前的好处为什么不拿？而这种不自信的怀疑会促使他寻求一种确认，那就是我们要谈到的下一个问题。

一个从众行为的发生通常是出于以下几方面的考虑：

别人的行为让他意识到自己的行为是“错误”的。正如上面所提的那样，一个对自己的判断持怀疑态度的人，更容易通过对他人行为的观察来确认或推翻自己的判断。当我的表叔第一个月看到别人不用到营业厅交话费，他不会有什么感觉；第二个月，也不会有多大反应；但如果到了半年，已经换装的邻居或者朋友还是不用交费，表叔的心理状态就会产生变化了，本来就不牢固的判断被这种强烈而直观的刺激——连续几个月不用交费彻底击溃。

一个人做出从众行为的动机主要有二：希望通过与别人行为一致的方式来逃避情感和事实上的惩罚，或者赢得某种奖赏。消费者在变更通信运营商的过程中，实际上面临诸多可能出现的问题。比如，如果一位相交甚笃的朋友或亲戚刚刚办理了中国移动的业务，他认为自己做出的决定很明智，就会很热情地和你分享这个消息，希望你也可以像他一样获得“额外”的好处。当然你很有可能明白，这项变更业务并不像他想象中那样美好。但如果他热情的建议在你那儿碰了一鼻子灰，就有可能导致两人之间的友好关系出现裂痕，你可能会想，他是否会认为我是一个不知好歹的人，是否会由于这件事的影响，以后真的有好事也不同我分享？一想到这些可能的后果，你会觉得自己即便一年半后，每个月多7元的支出也还是可以接受的——也许很多人还想不到那么远，仅仅出于社会压力，就换掉了电话。

一个团体中专家（内行）或者亲朋好友的态度对其他人有重要影响。前面已经提到过，表叔曾说过“城里人都用中国移动”，这一观点对他做出消费行为也起到了很大的作用。那么这一观点是来自于哪里呢？

主要的来源有两个：一是“不太负责任”的当地通信代理商，他们在客户心中扮演着技术行家的角色，出于利益的需要，他们可能会运用一些专业术语和概念模糊的市场占有数据推销商品。由于各种因素的限制，消费者无法验证其真伪，很有可能就相信了这一番说辞。

二是率先走出农村的学生和务工人员。一般而言，他们选择的手机运营商大都是中国移动——中国移动占领校园的策略起到了很重要的作用。这些细节的长期累积极有可能形成一种印象，中国移动实力非常强大，尤其是在手机业务上面。

说了这么多，是因为这件事给我们的销售业务带来了一种新的视角——利用客户从众心理达到促成交易的目的。

农村消费市场的交易过程看似比较简单，但其实已经完整地包含了从众心理发挥作用的各种条件，这也就不难解释很多保健品和滞销产品反而能在农村掀起销售热潮的现象了，因为农村客户文化背景决定了其有更强的从众心理，也是整个中国消费市场的母体土壤，从中可以看出一些激发客户从众消费的基本方法。

强化自身的专业色彩。

集中力量攻下一个有代表性的客户（比如交际圈中交友广泛的交际达人，热衷于尝鲜的时尚达人，在事业上获得一定成功的精英人士等），用他们的购买行为自己打广告。

对于已购买客户信息进行技巧性表达。不过在具体操作时，一定要注意尺度。你可以只说自己占据着超过 40% 的市场份额，刻意过滤对方也占据 40% 左右的数据，但一定不能说竞争对手的市场占有率只有 20%，如果客户从其他地方获得相应数据，你的诚信就会被质疑，反而坏事。

强化关系判断，弱化产品比较。比如说相邻的两家干杂店，其中一家已经订货，那么对另一家销售重点就不是商品本身了。而是两家店之间的潜在利益和情感关系。

摸清客户性格特点。如果是比较自信的客户，应将重点放在对他判断的引导上，而对不太自信的客户，则应将重点放在其他客户的购买过程上。

可能上述几点放在这里，很多人还感触得不够深刻，没关系，在本书后面的部分，我会介绍一些具体的行销方法，到时候回过头来看这些原则，你一定会有更好的体会。

因人推销，订单就是你的

中国有一句内蕴十分深刻的古话——士为知己者死，女为悦己者容。归根结底，对知己的渴求体现了人类思维中一个根深蒂固的情结——渴望理解，更进一步地说是减轻自己的压力。

这一点即是人与人交往间的潜规则，也是销售员和客户之间的显规则。

销售就像是男女之间谈恋爱，很多人都会在最后两人关系破裂时，恶狠狠地来上一句：真没想到你是这种人！

但，事实上真是如此吗？

大多数情况下，你从一开始就知道对方是什么样的人，只是太过自信，或者说不愿意相信，认为能够通过努力改变对方，生拉硬扯地挤上同一条运行轨道。人和狗在一起久了，可能面相趋同，但人与人之间待得再久，也还是两个完全独立的人，之所以能一直经营下去，只是因为至少一方真正懂得了理解。面对妻子的急躁和碎碎念，丈夫能以一颗平常心对待，不烦不急。这就对了——妻子做出这样的行为本来就不是为了求得积极而稳妥的解决方案，她只想有一个人无条件地倾听而已，仅此而已。

销售也是如此，客户消费的过程其实是一个释放压力的过程，做出购买决定并不像我们想象的那样简单，他要用各种各样的方法来表达自己的需求，以便让销售员提供最佳契合度的商品和服务，但是表达的过程却一点儿都不简单。

假如仅仅是买一包盐，客户很容易做出选择。但如果是装修房子就不一样了，没有装修经验但是又有自己想法的客户往往是很麻烦的，他们会给设计师讲我想要厨房是什么样，卧室应该是一种什么感觉，卫生间必须要怎样，还有各种各样的小细节，到了最后，还会对总的装修成本进行限制。这些片段化的表达通常会给新入行的设计师带来大麻烦。他们很想满足客户巨细无遗的要求，而且把价格控制在成本以内。不过想归想，要根据客户的想象作出设计图来，那就相当不容易了，他在操作过程中就会发现，很多要求是不现实的。

而老道的设计师则不一样，他会通过和客户的交流，从片段化的想象中得出整体的设计思路。客户说那么多，很多时候仅仅是想表达出所期待的一种感觉，也许他想要的是阳光小清新的感觉，但是由于缺乏装修方面的知识，堆砌了太多细节。设计师懂得这一点后，情况就好解决多了，围绕客户的情感需要做主体设计，然后再融入几种客户提出的细节，这样一来，即便最后的设计没有面面俱到地采纳客户的要求，也能漂亮地完成交易。因为你提供给了他潜意识中渴求的东西，大大地降低了做出决定的难度。这就是销售高手的思路！

以客户的情感诉求为切入点往往能获得事半功倍的效果。此事说起来很虚幻，不着边际，但销售员如果真的愿意沉下心来观察和积累，做到这些并不难。

我有一个做设备销售的朋友，主要客户群是加工制造类的工矿企业。他曾跟我说过一个真实案例。

当时，一家大型化工厂要进行技术改造，需要购买一批脱硫设备。企业的负责人是一个刚刚接盘不久的“少东家”。从之前合作的客户那里，朋友了解到一个有趣的信息，这位少东家是一名“80后”的武侠迷，前几年还专门到浙江大学去旁听了几次金庸先生的讲座，对《天龙八部》中的萧峰甚是推崇，为人豪气干云，最是见不得别人扭扭捏捏，惺惺作态。

之前已经有两家脱硫设备的厂家代表见过他，但都没有了下文。朋友随便挑了一个日子，穿了一件登山服，两手空空地就去公司找这位“大侠”。门卫将其拦住，问找谁，他大大咧咧地报出“少东家”的名字，说是来找他喝酒。门卫也知道这厂子的老板交友广泛，好这一口，也没有多问，开门放人。

找到“少东家”的办公室后，朋友如法炮制，又把跟门卫说的话同秘书说了一遍，出于同样的原因，也开门放人了。就这样，他一路畅通地见到了“少东家”。开口说的第一句话是：您好，我是脱硫设备的供应商某某。第二句话是我刚从少林武校出来做业务，有不周到的地方请多包涵。两句话说的是中气十足，气宇轩昂。

这个“少东家”第一眼看到朋友时一愣，还没回过神儿来。听完第一句话时是有点儿不悦，毕竟没有和他事先预约。听完第二句话后，就觉得有点儿意思了，谁能想到一个穿登山服，两手空空的武校弟子是来销售工业脱硫设备的呢？

两人就聊了起来，不过话题大部分是关于武校生活和江湖义气的，而关于脱硫设备的问题，“少东家”不主动问，朋友也就坚决不说。

一段相谈甚欢的对话后，朋友留下了一张名片，邀请“少东家”到他一个武校同学开的健身馆参观。本来这只是一个试探性的举动，没想到“少东家”马上就把时间敲定在了周六。

在健身馆里，平时很注重锻炼的“少东家”露出几块肌肉，主动提出和朋友切磋切磋。他也没有拒绝，带上头套和手套。本来朋友只是想玩玩而已，不过一进入状态，控制得就不是很到位，把“少东家”的脸上打出了几块淤青，不过技术上虽然占据绝对优势，但“少东家”那一身肉也真不是白长的，虽然没什么章法，朋友还是在混乱中被重重地击中了一拳，嘴上冒出了一个大血泡。

虽然两人都不同程度地挂了彩，但“少东家”感觉很尽兴，晚上他做东，朋友也不推辞，吃肉喝酒间，朋友放开了所有顾忌，笑谈沧海人生：少时的理想，青春的疯狂，为人处世的信义，每个月的收入，公司的佣金比例。总之，该说的不该说的，他都说了。最后的结果是两人都喝得烂醉如泥。

周一，“少东家”直接派一个技术员到朋友的公司，对公司产品进行了一番了解。看完之后，对朋友说：明天到公司签合同吧！

一个后续消息是朋友将设备的报价降了10个点，这也就意味着他少了10

万左右的提成。后来“少东家”问起这件事的时候，他的回答是我已经从这笔交易中赚了 10 万，剩下的就是兄弟之间的交情了。

这次交易为什么能够轻易达成，是因为朋友刚好有过武校经历吗？显然不是，他也曾经拿下一个以精打细算闻名的客户，那一次，他拿了整整 20 厘米厚的材料，和客户算了一周的账，最终把客户给算服气了。

其实不管是崇尚豪情的“少东家”，还是精打细算的“老抠”，销售员的价值都在于帮助客户做出决定。如果能直击要害，对买卖双方都是一个解脱。

“少东家”是个豪客，那么销售员就应该把思路转到豪情这一点上来，千万不要说你不具备这种能力，豪不起来。首先要明确一种意识：豪情不等于开豪车、住豪宅、挥金如土、酒池肉林，而是一种抗拒尘俗、抛开蝇蝇苟且算计之后的心理状态。这是上天赋予每个人的礼物，就像在朋友和“少东家”的交往中，两人的财富和地位根本不在一个层次上，但朋友在和他切磋时，打就还真打了，喝酒的时候也就还不着边际地说胡话了，本来能赚 20 万的他只赚 10 万，这就是豪情。把单子交给这样的人还有什么顾虑呢？

而要达到这种事半功倍的效果，以下的建议可以为你切中客户潜意识中的情感诉求提供参考。

通过已有客户关系圈子间接了解客户性格。

通过第一次的拜访验证客户信息的准确性，确定主攻方向。比如装修设计师在和客户交流时，就一定要让客户更多地表达他的爱好想法，这样才能尽快从中提取到客户的核心情感诉求点。

常见客户类型及应对建议：

财大气粗型。对于这一类型的客户，重点应放在对其社会地位和观点的尊重上。先顺着他的路子走，然后以委婉的方式把销售员的意见转化为他的意见。

豪客型。这一类型的客户对人的关注高于对产品的关注，在他们面前，一定要展现出自己的独立人格，不要在一些细节上磨磨蹭蹭，重点在于快和准。

精打细算型。面对这类客户，销售员一定要比他们更有耐心，重点在于用数据说话，而数据的说明也要力求精准。比如要说服一个精打细算型的客户买一台大型打印机，就不能很笼统地列出每天的平均耗材成本，初始购买成本，然后笼统得出一个结论，未来几年可以节省几万元。而是应该结合客户公司情况，把打印高峰期（如每月的财务结算期）和低谷期的情况一一列举计算，力求精准，让最终的结果看起来更有说服力。

4

Chapter

如何找到，并且成就你的客户

销售是一门千变万化的工作，哪怕你掌握再多的理论，也会发现，这些东西似乎并不能时刻都有效。这不奇怪，因为我们面对的是心态千变万化的客户，无论是谁都不可能保证自己每一次都会琢磨透客户的心理：他有没有紧急需求，有没有足够的经济实力，是不是购买过程中的决策者……诸多因素综合起来，决定了他会不会产生购买行为。

于是，尽管建立了足够的理论基础，当你真正去面对准客户的时候，一切又会回归到“术”的层面——哪些人是我的潜在客户？怎样去打开他们的需求窗口？如何成交？

从人的层面来说，每一次成交都是不同的。

但从销售层面来讲，每一次成交都有其必然的规律。

练就一双善于发现的眼睛，客户无处不在

传销，抛开它是不是违法这个层面不谈，其实是一个相当厉害的销售模式。因为传销的核心不在于产品，而在于另外一个方面——你能拉来多少人成为你的“客户”。

再好的产品，若没有客户来购买，都是没有价值的东西。所以我们做销售的，每天日常工作中重要的一件事就是去发现客户。

对很多刚入行的人来说，寻找客户是件很痛苦的事情。我记得最初加入销售行当时，曾经面临两个多月一笔单子都没有签到的局面。那是很难熬的一段过程，不仅要承受着来自于经济方面的压力，更糟糕的是精神方面的压力也在不断累积。我甚至一度开始怀疑自己是不是不适合做销售行业。

这种痛苦几乎是每一个刚入行的人都会经历的过程，治疗的方法只有一个——尽快签单。而要想签单，就涉及一个重要的问题，怎么样去寻找客户。

一般来说，每个行业都有自己寻找客户的固定模式。比如说快消品就习惯于电视广告、DM 单以及网络行销。除此之外，各类展会也是我们寻找更有针对性客户的一种重要渠道。不同的方法，其效果也有所不同。

媒体广告——辐射面广，受众基数大，准确性低，成本高。

DM 单——辐射较窄，受众基数较小，准确性较高，成本较高。

展会——辐射较窄，受众基数小，准确性高，成本较高。

各类网络行销——相对灵活，辐射面可大可小，准确度相对更高，成本较低。

不同行业、不同产品，我们应该侧重的渠道显然是不一样的。比如，从电视上可以看到快消品的广告，但是很少会见到工程、金融投资方面的广告，因

为后者的消费群体是狭窄的。

但是除了这些我们说的传统渠道以外，是否还有别的思路？

因为你的竞争者们都在使用类似的渠道，而且你的公司也会针对这样的渠道去做培训，所以我的态度是：这些传统门路，按部就班地去做就好了。当然，如果发现你的竞争者有创新，可以去模仿，但是你自己花时间去做创新，意义不大。有这些时间，倒不如尝试一些新的思路。

比如说快消品，特别适合去尝试着做团购。我有个朋友，他有亲戚是开食品厂的，主要供应二三级市场，销量一般。后来那个朋友就把亲戚厂里最受欢迎的一种产品拿到团购网上去做，结果只用了短短 3 天时间，就轻松赚了一万多元。

普通快消品，依靠广告，然后搭配一些宣传上的变化，往往能起到不错的效果。因为它们针对的是不特定人群，知道这个信息的人越多，销量越好。

但是有些产品或者服务并非如此，尽管它们针对的也是非特定人群，但是因为要付出的价格更高，所以非特定中的特定性又表现得更强一些。最典型的就是保险营销——它的受众应该是非特定的，每个人都应该要买保险，但事实上，真正去做保险营销一段时间后你就会发现，应该耗费精力的绝对不是普通客户，而是为数不多的高端客户，他们的购买力最强，会给你带来最大的佣金收益，但更重要的是，他们的影响力又是最广泛的，如果你的产品和服务能够获得他们的认同，很容易在一个高端圈子里产生深远影响。那么这样一来，你需要寻找的客户就从不特定人群变成了特定人群。

问题来了——如何去寻找这样的人群？

我听做保险的朋友讲过这样一个亲身经历：他有一次去洗车店洗车，在休息室休息的时候，恰好看到一辆宝马 Z4 在那里打蜡，车主是个 30 多岁的女士，也在休息室里用自己的苹果笔记本上网。凭感觉，他认为这个女士家境应该不错，希望跟她能够交换联系方式，说不定以后可以做成她甚至她整个家庭的保险。于是本来朋友是想洗个车就离开的，既然要拖延时间，就干脆也做了个打蜡。

趁着打蜡的功夫，朋友真的跟宝马车主聊了起来。虽然只是简单地聊了几句，但最后在她离开之前，还是成功地交换了名片。

再接着往下，就是一个很艰苦的保持联系的过程了。比如偶尔周末发发短信，打个电话简单问候几句。这是个漫长的过程，而且可能在短时间内得不到你想要的结果，但是如果能坚持下去，也许一切都会往好的方向发展。现在我这位朋友依然没有做成那个女士的保险，但是经过一年多的联系，他们不仅仅局限于短信电话的交流了。据说上个月终于约出来一起喝茶，这就已经是极大的突破了。

这个例子其实证明了一个很简单的事情——只要你善于发现，哪怕是陌生人，都有可能成为你的客户。

可能很多人要问了：我应该怎么去发现我的客户？

这个问题可以用三个步骤来完成：

首先，了解你的产品定位。

你提供的产品或者服务，是针对哪类人群的。如果你卖的是女士内衣，那么女性或者已婚的年轻男性是你的消费对象，而上了年纪的男性就不用去浪费精力了。所以，了解自己的产品受众，其实就相当于在心里划了个范围，初步排除掉那些没有成交机会的人。

这里要注意的一点就是在划分范围时一定要慎重。为什么我刚才说女士内衣的受众除了女性，还有已婚的年轻男性呢？因为现代人思想开放，男士给爱人购买内衣，尤其是比较性感一些的内衣已经比较常见了。如果你在划分受众群体的时候把他们排除掉了，就在无形中损失了一批客户。

其次，判断对方有没有购买力。

一个价格 1000 元的东西，如果对方只有 500 元，就算是再需要，也买不起。所以判断客户的购买力很重要。比如前面那个案例，朋友就是从女士的车、衣着、电脑等几个方面来判断客户的消费能力。如果你细心观察，这点其实并不难。但是有一点要特别注意，在判断对方购买力的时候，一定不要把你的判断流露到脸上。否则就会给对方带来不悦，甚至会因为自己的判断失误丧失一些性格低调，但是本身消费力很强的人，反而弄巧成拙。

最后，判断对方是不是决策者。

有一次，我利用休息日跟老婆儿子一起去参加亲子活动。在活动场所，有一个销售儿童安全座椅的厂家。我本身就打算给孩子买一个安全座椅，所以过去做了解，而且了解得很详细。显然，那个销售员也看出了我的购买欲望，也知道几千元的儿童座椅对我而言价格不高，但他最终还是没能在我这里成交。

为什么？

因为他忽视了一个问题——在家庭开支上，我根本就不是消费决策者，真正做决定的是我的太太。那天销售员只顾着跟我讲解产品的细节和参数，忽略了也在一旁倾听的太太。而她本身是个比较感性的人，对这些参数完全不感兴趣，所以听了几分钟就带孩子参加活动去了。而她一离开，我就知道对面那个销售员的这次推销宣告失败。

果然，后来我跟老婆说起这件事的时候，她表示不准备在活动上购买，而是准备下来以后看看网上有没有更合适的。最后她在网上选了一家国外代购的淘宝店，原因只是那个店里面关于座椅的介绍很感性，符合她的接受范围。

这也让我想到了苹果的销售，为什么这个在我看来又不是特别漂亮、功能又很一般的产品能获得那么多年轻人，尤其是年轻女性的青睐？很重要的一个原因就是它的广告并没有主打功能和参数诉求，比如它不会在广告里面告诉你我的手机芯片的运算速度是多少、内存多大、摄像头多少万像素，而是在传递一种感性的消费诉求，比如通过我，你可以和远在千里之外的男友/女友实时交流，可以随时欣赏孩子的照片……这种诉求对感性的人而言，尤其是女性，尤其致命。而她们往往又是消费的决策者，然后，结果就很简单了。

当然，不管你做了多么充分的准备，要让一个完全陌生的人接纳你，这是相当困难的事情，而且成功率低得可怜。

那么，有没有办法提高其成功率呢？

也是有的！而我们一再强调的人脉，这时候就开始派上用场了。

最靠谱的客户在这里

我们每个人都有自己的人脉，你的同学、朋友、亲戚……做销售的，认识的人就更多，人脉自然也更广。把这些人串联起来，就是一个人脉网络。一旦你形成了自己的人脉网，你会发现很多事情的格局就会完全不一样了。

比如我刚入行的时候，就遇到一位客户，当时还是 20 世纪 90 年代末期，他已经是资产上亿元的企业家了。当时他跟我说过一句话："做生意就是做人脉，人脉只要打通了，什么事情都变得很简单。"

那个时候我还不能理解他这句话的意思。但几年以后，自己亲身经历的一件事让我对人脉的理解一下子变得很深刻。

当时我是做片区经理，主要负责公司产品打入卖场的工作。虽然公司是新成立不久，但是因为本身品牌方面的前期宣传做得比较好，加上我和同事跑得也勤，很快打入了当地主流的几个卖场。然而当我们完成了其他工作，想进入最大的卖场的时候，困难却出人意料地出现了。

在产品进入卖场之前，我跟这家的采购经理已经接触过几次。双方交流感觉也比较顺畅，至少在我看来是这样的。

但是让我没想到的是，在进一步商量进场价格和后续细节的时候，对方开的价格却让我无法承受——通常卖场的进场费是 10 万，因为我要进的这个门店位置很好，所以我把进场费预期提高到了 30 万以内。但是没想到对方狮子大开口，进场费要 50 万。当然，遇到这种情况，一般的处理方法是当面不做表态，私下约对方出来沟通，找到利益共同点，共同寻找解决方法。

如果真的要拿出 50 万做进场费，这对我来说完全不现实。毕竟公司刚刚起来，前期又花费了大量的资金在品牌宣传上，而我负责的地区又不是总部最重要的销售片区，渠道方面的预算已经卡死。

事情一下子陷入僵局，我为这件事没少约客户出来沟通，但每次都无功而返。

当然，我要是不拿下这个门店也可以，但是它的位置实在太好了，如果进了这个店，一个季度的销售额就能抵得上其他几家门店好几个月的销售总额，以我的性格，这是势在必得的阵地。

一晃几个月过去了，门店还是进不去。我们区的销售业绩也一直是不温不火。事情就这样被耽搁了下来。

然而让我没想到的是，一次偶然的电话竟然把这个事情解决了。当时我有个大学同学到我所在的城市出差，我自然是要尽地主之谊的，酒桌上无意中聊起了这件让我烦心的事。同学一听，马上拿出电话打了一通——没想到这个卖场的区域老总竟然是他的大舅子，而他拥有每个门店的入场费定价权。

第二天，以同学的名义，我掏钱请他大舅子和采购经理一起吃了顿饭，在饭桌上轻轻松松地把我纠结了几个月的事情落实了下来。

这件事给我带来的最大收获不是进了门店，更不是此片区销售业绩大涨，而是让我真正意识到了一件事：对你来说很困难的事情，换个人也许根本不值一提。这就是人脉的威力。

那么现在回到正题，前面我们说了，销售在发现客户的时候，要从非确定的大范围准客户中细分定位你的客户群体，这样才能提高成功率。但是毕竟无论怎么细分，你面对的都是陌生人，要跟他们建立关系，这是一个漫长的过程，而且受打击的概率还不小。

这时候，人脉的力量就发挥作用了。

如果有人作为介绍人，把一个新客户介绍给你，和你自己去同一个完全陌生的客户去建立联系，这其中的效果是截然不同的。

为什么陌生人特别难对付，因为他们有本能的自我保护反应。想象一下，大街上突然有人拉着你做推销，你对这个人肯定是有阻抗的。项目谈判也是一样，哪怕彼此经历了几次接触，逐渐熟悉了一点儿，但是在真正了解你和你的产品服务之前，对方的阻抗一直都会存在。但是如果有介绍人就不一样了。比如A和B是多年的朋友，而A是你的客户，他把B介绍给你，B会很自然地认为，你的产品不错，所以A才把你介绍给他。因为这背后有个潜台词，B相信A不会骗自己。那么这种基础的信任就会延伸到你身上，所以这种接触本身就少了很多预设的障碍。

此外，人与人之间的沟通是需要时间成本的。销售跟谈恋爱一样，你不能说我有了一个客户的联系方式就行了，中间你要发短信、打电话，再时不时约出来喝茶聊天，这种感情才能延续和升温。但是这就会涉及到一个问题——人家凭什么要出来跟你见面。在他意识到你对他有足够大的利用价值之前，他肯定是优先考虑自己的事情。但是有介绍人的话，考虑到他的面子，你约不到的人，他能约到。比如说两人正好有生意要谈，或者单纯只是出来吃吃饭，到时候把你叫上，借助这些机会，你就可以多见到几次客户，也就有更多时间让对方意识到你的价值。

但是仅仅认识客户，跟他见面还远远不够。我们都知道，要吸引客户，最好的办法就是投其所好，说他最认同的话题，做他最顺眼的事情，这样才能更快拉近彼此的距离。这时候，人脉的价值又体现出来了——比如你可以事先从介绍人那里打探好对方的喜好，比如他喜欢养兰花，你就事先了解一些相关知识；他喜欢喝茶，你就恶补一下茶道。这样在见面聊天的时候，也许你的一两句不经意的话，就能打动到客户，加深他对你的印象。

所以，单单就这三点来说，最靠谱的客户，其实就是你周围的人给你介绍的那些新人脉。可能你在他们身上耗费50分的精力，获得的效果比在别人身上耗费100分还要好。那么如果你能借助身边的人脉去最大限度“深耕”这些准客户，他们能给你带来的成就是多大，这个问题相信你比我更清楚。

小礼品，换来大订单

中国有句老话叫作礼多人不怪。“礼”，代表的是一种心意，一种态度。很多人觉得送礼拉关系是很俗气的一件事情，但是在人脉的巩固和行销当中，“礼”其实是不可或缺的润滑剂。

对于收礼方，收到礼物的感觉是很好的，人人都喜欢这种感觉。而对于送礼方，正所谓投桃报李，你给别人“礼”，对方自然会觉得心里不好意思，正所谓无功不受禄，他当然要找机会回报你。

从这个角度来说，礼物是拉近人与人之间关系的一件很有用的小道具。所以，销售人一定要学会送礼，因为它能让准客户跟你签单，更能让老客户成为你的稳定伙伴。但这个送礼不是说你买个东西给客户送过去就行了，礼物怎么买、对方收不收，这都有讲究。

比如说你见了一个客户，还没怎么接触就送人一个钻戒，他敢收吗？当然不敢！可能他也想要这个钻戒，但是天下没有白吃的午餐，你既然敢下血本，谁知道后面是不是有什么套在等着他？对方会告诉自己，可能得了这几千块钱的钻戒，几万元十几万元甚至更多的代价都要花出去。

所以，送礼的第一条原则就是：礼物要因人而异，并不是越贵越好，情谊比价格更重要。比如对方喜欢喝茶，那么你可以送一点儿好茶叶，但是如果对方没有特别的爱好，那么不妨送一些简单实用的东西。如果客户有孩子的话，可以送一套亲子图书，不贵，也显得你有心，更重要的是这种礼物对方不会觉得唐突，更愿意收下。

上次参加一个销售论坛的时候，听一位销售精英分享了她自己如何去跟陌生客户接触并且最终成交的过程，其中，礼物就起到了很大作用。

那次同行刚买了一套房子，去售楼部签约。她穿的是一套裙子搭配了一条丝巾。当时在售楼部遇到一个四五十岁的女士，对方觉得同行的丝巾搭配得很不错，就赞美了一句。同行开始只是微笑着表示感谢，不过后来听售楼部的人说，那位女士就是开发这个楼盘的老总，她顿时希望能够跟她认识并且做成她的生意。

怎么认识呢?

自己是业主，相当于是对方的客户，这是特别好的身份。于是同行签完约就跑到对方面前聊了起来，从楼市聊到这套房子，感觉还不错，于是就互留了名片。聊天的过程中，对方又一次提到同行脖子上的丝巾很好看。

我们要持续见一个客户，总是需要理由的。虽然两人聊得不错，又留了联系方式，但是要再度拜访，如果没有由头还是很麻烦。而她两次提到丝巾，自然也是一个喜欢用丝巾装饰自己的女性。

说者无心听者有意，那天回来，同行就去商场挑选了一条她觉得很适合那个老总的丝巾，专门抽了个时间给她送了过去。对方很吃惊，心想当时随口一说的事情怎么她就记住了，不过毕竟只是一条丝巾，而且确实挺好看的，就收下了。

有了第一次的成功拜访，就会有第二次第三次……随着见面次数的增多，再加上其他的一些辅助技巧和态度，同行和这位老总的关系也越来越好，最终做成了她的生意，并且建立了良好的关系。

所以，选择好合适的礼物，不仅是一件让对方开心的事情，更是我们打开销售僵局的一个妙招。

但是仅有这一条还不够。比如同样两个送礼的人，对方也都收了，但是谁的礼物能起到效果，也是不一样的。我听过这样一件事情：

A 是某集团公司的老总，退休之前，家里、办公室里经常有人来拜访。他喜欢喝茶，所以拜访者往往会带很多不错的茶叶来，他也对此习以为常了。但是当他退休以后，拜访的人一下子就少了许多。但是有一个人例外——B，这个人在一个部门做小主管，是个比较踏实的年轻人，但是资历不足经验一般，所以当时并不受A重视。

A退休以后，B逢年过节都要到他家里来看看老领导，也会带礼物来，虽然这些礼物不及当年其他人带的贵重，但是A很喜欢。因为这个时候他很明显看出来，谁是真心尊敬自己，谁只是来巴结自己的。

每次B来拜访，A要跟他聊很久，告诉他一些行业里面的门道，还会把自己圈子里面的一些朋友介绍给B。这些事情都让后者受益匪浅，业绩和处事能力提高得很快。再加上A在集团里面还是有影响力的，不到两年，B就被提升到了重要部门做主管。

抛开其他的不谈，单说送礼物这件事情，B显然比其他给A送礼的人都真诚。他的礼物不是最贵的，但难得的是他能在对方退休以后也坚持看望，这就等于表达了自己的心意：尽管你没有实权了，但我还是尊敬你。

这种感觉才是最难得的，就像刚才说的，礼是表达心意的载体。如果你只是在对方有实权的时候送礼，对方失意的时候就躲到了一边，这就失去了“礼”的意义，这个人脉也很难维系得好。

所以，送礼原则第二条就是：别人送的时候你要送；别人不送的时候，你更要送。可能礼物不值钱，但是你只要想着对方了，它的意义就比礼物本身更重要。

送礼原则第三条，就是选好时机，选好理由。

比如人多的时候不宜送礼，那样不仅周围人可能会有看法，收礼方可能也会因为顾忌舆论不愿意收。

还有送礼的时候要有充分的理由。如果你无缘无故就给别人送礼，那么会给对方“无事献殷勤”的感觉，或者临时有项目要投标，投标之前频繁送礼，也会给人感觉目的性太强。如果说你“有个外国朋友刚回来，给你带了当地特产”，而你“转送”客户一些，这就比较有说服力了。

用产品说话最有效

无论是对人脉的态度、服务的理念还是你做事情的技巧，都是为了一个目的在努力——让客户认可你销售的产品或服务，并且愿意为之买单。

那么，问题就回归到一个核心上来了——你怎么样去介绍你的产品，让它能够打动客户。

可能很多人会觉得，介绍产品、服务说起来很简单，不就是把它的功能、各个方面的参数告诉客户就行了吗？这个事情看看说明书，或者听一两次培训就会了。

没错，绝大多数公司在销售员上岗之前都会给他们做培训，但问题是培训的内容是不是合理，销售员有没有听进去，这就是问题了。

说个亲身经历的事情，我准备换个手机，于是抽空来到一家手机店。当时看中了一个相对比较高端的机型，看了模型机，让销售员把真机拿来试一下。一开始都没有问题，也准备掏钱买了。正在这个时候，我突然想到一个问题，就是我一个助手，20 多岁的小伙子，他比较懂手机，当时知道我要换，特地叮嘱我要买安卓 5.0 以上版本的双核机，而且说内存一定要 32G 的才行。

其实我对手机的要求不高，主要是待机长，电话号码存得多就行了，不过想起助手说的这番话，于是随口问了一下："这个机子的系统是什么版本，内存多大？"

这时候，销售员显然愣了一下，支吾了几声，就开始翻起包装盒里面的说明书来。

尽管我最后还是买下了这部手机，但销售员的这个举动让我觉得有些不愉快。我问的毕竟不是很专业的事情，而是大部分客户都希望了解的基础问题，作为一个销售员，连自己卖的产品都不了解，遇到稍微较真一些的客户，这笔单子就打水漂了，之前所做的一切努力也随之白费。

连一个小小的手机尚且如此，在做一些大项目的时候，销售员如果不做足功课，就是犯了最基本的错误。

实体产品还好，服务产品上，这种事情更常见，这都可以理解。毕竟作为销售人，接触的产品不止一样，要记下几十几百个产品的基本参数，当然很难。但难不是借口，要做好销售，基础的功课不能偷懒。

然而即便做到这一步，也远远称不上可以打动客户。因为类似的产品还有很多，别人的销售员也在试图让你的客户掏钱给他们。你怎么杀出重围，用你的特色去击中客户需求点，这才是关键中的关键。

一般来说，我介绍产品，有一个“常特利”法则。

所谓**“常”**，就是从它最常规的地方开始说起。还是以手机为例，你要介绍它的操作系统、芯片、内存、屏幕大小和电池容量。这是基础，是每个消费者都会关心，也是每个销售员都会介绍的东西。

但是介绍这个显然不够，因为你没有特色。那么**“特”**，就是在这些基础信息之上，挖掘你销售产品的独到之处。比如你的芯片速度更快——别人都是双核1G，你是双核2G。挖掘特色的工作也不难，因为厂家会给你做一部分工作，他们在设计产品或者服务的时候，就会考虑到受众定位以及他们的独特需求。例如，有的手机字更大，操作更简便，声音更响，这是厂家给老年消费者提供的特色。但是除此之外，你应该对产品本身更了解，甚至能挖掘出更多的特点来吸引客户。比如快捷拨号，这是每个手机都有的功能，可如果你把这一点拿出来包装一下，告诉消费者，你在给父母买手机的时候，把自己的号做成快捷拨号，老年人一旦遇到事情，可以在5秒钟以内跟你联系上，这是不是更容易打动对方？

做到这一步，说明你是一个好的销售员。那么能不能做到更好？就看你是不是可以做到最后一点。

所谓**“利”**，就是脱离了产品本身的参数束缚，给客户勾勒他能得到的利益。最常见的就是金融产品，他们会告诉你一个预期获利，比如你用 100 万元去投资，预期年化收益是 6%，那么这 6 万元就是你的“利”，它不会出现在当下，而且到时候是不是 6% 也不一定，但是销售员应该善于给客户一个预期。

还是说手机，当你介绍完其他一切基本功能和参数，还可以挖掘一些更有画面感的信息给对方。比如现在很多手机可以代替无线路由器，只要你开通了 4G，即便是在没有 Wi-Fi 的地方，笔记本也可以借助手机流量上网，这对很多人就有吸引力了。你可以跟对方描述这样一个画面，比如出差在外，正好要收一个很紧急的资料，你带了笔记本，但到处都找不到网络，酒店还有一个小时才能到，这时候怎么办？没关系，只要你的手机能收到信号，就可以把它设定成无线路由器，让你 5 分钟之内收到这个资料。

这类事情客户不一定会遇到，但是这个画面勾勒出来后，对那些经常出差的人，或者有过想找网络却找不到的人一定有吸引力。如果你能再当场给客户演示，这样对方的购买欲望就更强了。

除了这三个原则以外，还有几点要特别注意。

首先，你要明白客户的需求在哪里。尽管他不说，但是你要去评估，然后针对需求点去做文章。

比如说对方要给父母买手机，那么一定是孝心的体现，就事论事抓住使用方便这一条还不够，还要有感情上的元素——比如快捷键，这代表着和家人的联系更方便了。又或者说 GPS 定位，也可以强化客户能够了解父母的动向，保护他们安全的意思。这个时候就不能说价格便宜，尽管这是所有客户共同的心声，但是你这样说，就好像是在讽刺对方要孝敬父母又舍不得花钱，我不能说所有人都会介意，但至少有一部分人会对此表示反感。

其次，要让客户了解后续服务。

即便是快消品，客户都会希望获得后续服务。比如我买一瓶洗发水，要是用着不舒服怎么办，我到哪里去解决问题。对于其他耐久性强的产品，就更不用说了。

现在很多品牌在售后服务上都有自己的流程，例如买手机，售后卡上会有电话，销售员会告诉客户，手机出了问题，照着电话打过去就好了。这是最基本的后续服务表达，但是如果换个方法，例如你不仅告诉客户这个电话号码，甚至能帮他把售后电话和销售部的电话都存到新手机里面，是不是显得更体贴？

除此之外，你如果能在对方付了钱之后，再多送对方一片手机贴膜，并且告诉他，以后手机膜坏了，可以到自己这里免费帮他贴，是不是效果又不一样了？

这些事情几乎耗费不了你的时间和经济成本，但是带给客户的感觉却是很好的。如果你愿意去思考，其实还有很多地方能够让你用最小的代价换来客户最大的消费舒适感，能做到这一点，你就离成功不远了！

让客户的口碑为你“滚雪球”

有一天，我跟朋友在茶楼里聊天，聊到了汽车话题，他说他弟弟刚买了一辆国产车。之前朋友觉得国产车质量不过关，是“山寨货”，但是那天亲自开了一下弟弟的车，发现这些年国产车的质量迅速提升，甚至在做工精细程度、配置和驾驶感觉上一点儿都不逊色于合资车了。

当时聊天的时候我没有意识到，但是后来公司准备配辆车，助手把备选车型拿给我拍板的时候，我看到了那个国产品牌。相比于其他的车，这个价格最便宜，因为牌子没有外国品牌响亮，所以被排在了备选的最后一个。但是朋友的夸赞一下子跳入脑子里，所以当场就让他们安排时间去试驾，结果助手回来反馈说车确实不错，配置齐全，开起来也很舒服，坐在里面丝毫分辨不出是国产车还是合资车。

最后我决定配了这个牌子的车，比预计开支节约了20万元。这车用了两年多，一点儿问题都没有，而且不少不太懂车的客户在坐这车的时候，都会顺便问一下车的价格，当我告诉他们的时候，他们都很惊讶，都觉得相比于质量，价格实在是很实惠。这让我很满意，也愿意像朋友那样，在合适的时候推荐一下这个品牌。

这次购买行为对我而言是成功的，但更成功的是汽车厂家。因为他们至少在我和朋友那里形成了“口碑”。这个牌子之前也做过各种广告，但是都没能给我带来任何购买的欲望，即便是公司需要车的时候，也把它作为了最后的选择。但是朋友的一句话却完全颠覆了我的印象，从这个角度而言，口碑比任何宣传措施都有效，因为来自朋友家人的推荐，显然是不带功利性或者说功利性要小得多的，这比赤裸裸的广告更有说服力。

为什么做生意讲究“诚信”，因为只有“诚信”，才能让客户愿意持续产生购买行为，不仅本身持续，而且也会向自己周围的亲朋好友推荐这个品牌。

道理大家都懂，但是具体操作起来似乎是个漫长的过程。尤其是在销售层面，可能很多人会觉得，这是靠产品本身的质量来做的。只要东西做得好，就算自己不去经营，客户也会口口相传，假以时日大家都会争着来下订单……

醒醒吧，这是20年前甚至更久远的事情了。

产品本身的质量固然重要，但现在技术成本在逐渐降低，一家企业能造出来这种东西，用不了多久，别人也会有。买方市场下，需要的不仅仅是产品本身过硬的质量，更重要的是销售人如何去管理你的客户，让他们自觉自愿给你做免费推销。

我觉得，管理客户口碑，在销售层面要分为四个步骤，分别是：

让产品和服务给客户带来良好的使用体验；

多重促销活动的运作；

重视老客户的维系；

设立危机管理预案，及时把控负面效应。

先来说说第一层——让产品和服务给客户带来良好的使用体验。

这是一个客户愿意去给你做口碑宣传的基础。就像我的那个朋友，在跟我聊那个国产品牌的时候，他肯定不会觉得自己是在推销，可能在他看来，只是把自己对一个汽车的感受当作谈资告诉我而已。

但是从本质上讲，他就是在做销售：因为他的介绍，促成了我的购买行为。

这就有个问题出来了，是什么原因促使朋友愿意说这个品牌的好话？这个牌子没有给他一分钱的好处费，那么他凭什么去当这个义务宣传员？

先把这个问题放一下，看个例子：

前后两次销售，第一次你把预期成交价定在了50万元，最终结果是45万元；而第二次你把预期价位定在了40万元，成交价也是45万元，两个结果一样，但是带给你的感觉是什么？

毫无疑问，前者失落，后者欣喜。因为后者是超越预期的——人都有一个预期心理，会对未来发生的某件事情设定一个预判，一旦结果超过预判，就会带来完全不一样的感觉。就像你每天上班可以赚100元，有一天走路上意外捡到100元，后者给你的欣喜程度更大一样。

所以，想办法带给客户超越他预期的消费体验，这是让他记住你，愿意推广你的基础。在销售层面怎么做？

很简单，就是你设法让对方感受到足够的"尊重"。

这一点海底捞就做得很好，虽然没有网上传的那么夸张，但是有次我去他们店里吃火锅，一顿饭下来，服务员给我们递了三次毛巾，还给女士送了扎头发的橡皮筋，有个朋友说他们的泡菜好吃，对方马上给装了一小瓶送过来……这个服务，就确实让人觉得很受用，因为他们觉得被尊重了，但是服务成本呢？几乎为零！

现在来说第二层——促销。

促销大家都会，现金折价、礼券、赠品……各种各样的方式都有，而且屡试不爽。但是什么样的促销是最聪明的？

说个案例，我跟太太结婚的时候，要去拍婚纱照。后来取照片的时候，商家给了我们很多张优惠券。太太是个大大咧咧的人，看都没看就照单全收。但是我回家后欣赏婚纱照的时候，发现了这沓优惠券，仔细拿出来看了一下。

这些优惠券分为三类。一类是自己用的，比如结婚周年的时候免费拍照，加送一张大照片，有孩子的时候可以免费照亲子照等等；第二类是婚纱照折价券，比如选择5000元的套系，可以打九折，选择8000元的打八五折等等；第三类就是介绍券，上面写了太太的姓名和电话，如果有新人拿着这几张介绍券去店里拍照，不仅他们有折扣，商家还会给我们一定的返点（当然，返点的事情是在优惠券的包装纸上写的，并没有印在券上）。

显然，后两种优惠券都是给朋友用的。这其实就是很好的一种"口碑"

引导。很多人拍了婚纱照的头两个月，每当有客人到家里来的时候，都会把婚纱照拿给他们看。如果有朋友喜欢，又恰恰要准备拍了，送两张优惠券给他们是水到渠成的事情。婚纱店的人就是利用这样的技巧，引导了客户的口碑。

再来看看第三层——老客户的维系。

很多人不重视老客户的维系，尤其是慢销品行业，因为他们觉得老客户既然已经买了自己的产品就不会再购买了。这其实是销售中的大忌——事实恰恰相反，老客户既然已经买了自己的东西，再次更换供应商所消耗的精力成本是他不愿意承担的。曾经有人做过调查，在价格相差 10% 以内的情况下，只有 32% 的客户会考虑放弃长期合作的人，转而投入新供应商的怀抱。

其次，老客户还有一个好处，因为他们长期在使用你的产品，其亲身经历就是最好的口碑。比如说我现在跟客户说公司的车用了几年一点儿毛病都没有，这比广告带来的宣传效应更大。所以维系好老客户，给他们送一点儿礼物或者优惠反馈，甚至在节日、生日的时候给予一点问候，这都是能够促进口碑传播的办法。

不要觉得维系老客户是做了多年的销售才需要考虑的事情，如果你是新入行的人也没关系，你可以从销售记录或者发货记录等资料里面找到很多老客户的资料。客户当中有一部分人是之前的销售员留下的，但是由于他们已经跳槽，所以这部分客户可能目前还没人去维系——OK，你的机会来了！

最后是第四层——设立危机处理预案。

一个好名声的建立，可能需要 30 年。但是一个坏名声的出现，可能只需 3 天。三鹿就是一个最典型的案例。三聚氰胺毁掉的不只是一个三鹿，甚至整个国产乳制品行业都因此蒙受了巨大损失——比如光明牛奶因此导致的直接损失就是 3 亿多元，伊利是 2 亿多元。

口碑的传播确实能给我们带来巨大的利润，当然，也可能给我们带来灭顶之灾。但是任何产品、品牌都不可能做到 100% 不出问题，让消费者永远喜爱，所以危机预案是一定要有的。

危机处理的原则是“快、准”二字。

所谓快，就是出现问题，一定要及时做出反应。比如说“3·15”晚会曝光了麦当劳一家餐厅存在的食品安全问题后，当天晚上这家餐厅就停业了。而麦当劳中国公司几乎是在同时发布了声明，称将会对此进行调查处理。

不管后续结果怎么样，至少在这件事的处理上，麦当劳的反应是足够迅速的。

准，就是说你要把握客户的心理，根据他们的心理趋势去做出正确的反应。其实客户的需求很简单：要么退换，要么赔偿。而有的商家把中心放在了解释甚至是辩解上。比如“达芬奇事件”，商家就做了很傻的事——把媒体解释会变成了创业恳谈会，这几乎成了所有人的笑柄。要不要解释？当然要，但是你好歹先把处理意见拿出来再做解释。比如，我有一次去一家名酒厂考察，那边的售后负责人告诉我一件很有意思的事：他们有个客户打电话过来，说买回去的酒很奇怪，里面的泡泡总是散不掉。

其实越是这种泡泡细腻而且久久不散的酒，质量越好。再加上冬天天气寒冷，液体密度会增大，所以泡泡不散很正常。本来这种事情电话里面就可以说清楚的，但是他们没有这么做，而是立刻让当地的代理商赶到客户家，不仅跟他当面做了解释，还送了一瓶酒。你说这个事情处理得是不是很到位？

提供更好的服务，吸引客户

我们先假设这样几个场景：

场景 1

你去一家商店买东西，店里没有别的客户，店员正坐在柜台后面上网，而且还把鞋脱了晾着。不过她反应很快，见你来后马上站了起来，顺便把鞋快速套在脚上，然后用很礼貌的微笑对你说："欢迎光临，请随便看看。"

场景 2

你来到一家商店，商店里也是一个客户也没有，但是店员正在盘点货架里面的商品，感觉很忙碌的样子。见到你来了，马上放下手中的事，微笑鞠躬："欢迎光临，请随便看看。"

场景 3

你来到一家商店，店里一个客户也没有，但是门口始终站着一位店员，见你到来，马上会微笑鞠躬为你开门，店里导购不会给你推荐这个推荐那个，但是会微笑着保持在距离你 2 ~ 3 米的位置，你需要一件产品的时候，她会小心翼翼地为你取下，并且双手送到你手里。

根据这三个场景，大家来做个猜测，哪个是个体经营的普通商店，哪个是高端品牌?

这个答案不难回答。显然，第一个是个体经营的普通商店，最后一个是高端品牌，中间那个商店介于两者之间，可能是一个知名品牌的专卖店。

当然，重点不在于我们能够把场景和其所代表的层次进行关联，而是我们为什么能从简单的几句描述中，大致看出这个商店的定位?

没错！店员的态度！

我们说销售其实就是一种服务，但是这个服务，很多人会狭隘地理解为微笑、鞠躬或者是一句欢迎光临。

大家也看到了，上面三个场景里面，这几个元素都在销售员身上有所体现，但是层次感依旧很明显。显然，表面功夫是次要的，客户感受到的是服务的整体，是从跨进店门，到转了一圈出来的完整过程。

所以你去高端品牌的店里面，顾客不多，但是你会觉得很舒服。因为这个服务的过程是完整的。而且在很多细节上，这些销售员处理得很好，比如小心取下，双手递上商品，这就给消费者一个暗示：我自己都很重视这件物品，它的价值是很高的。如果换一种方式，你选了一件商品要看看，价格很贵，但是店员却一只手从货架上拿下来，很随意地放在你面前，你会做何感想？会不会认为这东西就像大白菜一样不值钱，还卖那么贵，是宰客呢？

我们前面说了，客户有种“上帝”心理，他觉得自己既然掏了钱，就不希望只是买到东西，更希望换来一种受到重视的感觉。所以，贯穿全程，深入到各个细节的服务是不可或缺的。如果你觉得自己没办法把细节做到高端品牌那样，至少第二家门店里的程度是完全可以做到的。不管有没有客户，你都要表现出一种很忙碌的感觉，为什么忙碌？消费者会在心里给自己一个答案——忙碌说明生意好啊，大家都选择的东西，应该没什么问题。

当然，这只是服务的一个方面，除此之外，我们可以做的还有很多。我有一次跟朋友去茶楼喝茶，是对方介绍的地方，门面不起眼，但是一进去，整个房间的布局感就非常好。我是个喝茶比较讲究的人，之前也经常去一些茶馆喝茶聊天，不过感觉都很一般，有的甚至会犯用紫砂壶泡竹叶青的低级错误，但是这个茶馆里面服务员泡功夫茶的技巧和手法却很专业。我一时来了兴趣，跟她聊了两句，没想到越聊越觉得有意思，因为从她那里，我学到了自己都不了解的很多相关知识。

也就是因为这次跟服务员聊天的感觉很好，所以我当天就在那里存了几千元的茶，成为了他们的长期客户。

这件事相信能给大家带来另外一个启发：我们在做销售的时候，不要把视角都集中在产品本身。大多数人都不会排斥知识的扩充，只要有时间，你就应该跟客户聊一些从产品衍生出来的东西，比如你是卖保健品的，如果跟客户沟通一些关于保健的知识，对他而言就是一种很贴心的服务。这种事情需要的物质成本也不高，但是需要你对延伸知识的充分了解——如果你在聊茶道的时候，碰到一个真正的品茶高手，可别让人笑话了。

从直观的服务，到延伸的服务，这是一种销售层次的提升。但是做到这一步还不够，因为你可以做的事情还有很多。例如建立客户档案，提供跟踪服务。

现在营销界特别提倡一个“管理客户”的概念，从广义上说，管理客户是从引导消费到为其提升产品附加值和后续产品增值服务的全过程。例如你在拥有了一定客户资源以后，你就是一个人脉的核心，如果借助这个核心，组织客户相互交流认识，一旦他们建立了某种联系，彼此形成合作，你其实就是最大的受益者，因为他们知道，是你给他们提供了这么好的机会，这就是超越了产品价值本身的价值提升。这一点我会在后面再详细来聊，现在我们只说说建立客户档案。

建立客户档案，不仅仅是要了解他们的基本资料和购买产品的日期，而是借此作为后续跟踪服务的基础。

比如在做保健品的时候，这样一套客户资料就非常有用：

姓名	生日	购买产品	购买日期	其他
夏××	1968. 8. 21	麦绿素胶囊	2016. 3. 7	联系电话等信息
……	……	……	……	……

有了这样的信息以后，你要做的事情就是从购买日期开始，按照固定的时间表进行电话跟踪。

比如 3 月 8 日，跟客户联系一次，提示他这款产品的正确使用方法。可以顺便交流一下保健养生的经验。

3 月 11 日——确认客户是否在使用这款产品。

3 月 15 日——询问使用一周后，客户有没有什么感觉，如果反映良好则建议继续使用。如果有异常反应，则可以根据具体情况迅速进行用法用量的调整。

3 月 23 日——询问后续的使用感觉，可以把话题集中放在身体状况有怎样的改善，例如睡眠状况是不是更好了，身体是不是更轻松……这样可以给客户带来积极的暗示效果。

4 月 6 日——这次打电话，不仅是为了询问之前的产品使用体验，更多的是为第二套产品的预售做铺垫。

你看，消费者可能只花了两三百元在一盒产品上，但是能够得到长时间的后续跟踪和关注，他就会觉得这笔钱花得舒服。这时候，产品本身的附加值也就出来了，绝大多数客户都会因为这种附加值而成为你的忠实消费者。

5

Chapter

熟谙销售之道，把事做到客户心坎里

武侠世界中，一部武功秘籍通常由两部分组成，前面是内功心法，后面是具体招式。如果只获得了后半部分，即便练得再好，也极有可能误入歧途。把《九阴真经》练成九阴白骨爪的周芷若就是一个典型的例子。当然，只有前半部分也没有多大用处，习得多重心法的段誉正好说明了问题。

销售也是如此，思路是心法，是基础；技巧是招式，也是必要的补充。两者缺一不可。但一定要有一个先后，我前面已经提到过，因为卖弄技巧而弄巧成拙的销售员不在少数，这是一个老销售员的忠告。

在前面的几章中，已经介绍了很多思路性的经验。我会用余下的几章介绍销售的“招式”问题。因为销售员在人们脑海中通常的印象是“能侃”，这一章就来和大家聊聊什么才是真正的“能说会道”。

开口之前，先想明白你要说什么

对于客户而言，和销售员接触后几分钟内的对话效果往往会对最后的交易走向起到重要作用。设身处地地想一想，谁愿意和一个陌生人在“今天天气不错，你吃了吗”等无聊的寒暄中度过一刻钟呢？

很多公司都会对销售员，尤其是销售新人进行定期的业务培训，其中，通过角色扮演游戏来训练销售话术是最常用的方法之一。但是我认为，这种训练的成果似乎并不理想。

之所以得出这个结论，是因为角色扮演的双方都不清楚自己应该说些什么，以达到训练话术的目的。

如果和销售员搭戏的同行是一个比较闷的人，就变成了一人的独角戏，销售员自说自话，“客户”无动于衷；而假如同行活泼开朗，则又会充斥一些销售员刻意臆想的意见，夸大刁难和找茬的成分，更有甚者，两人会把一次严肃的销售模拟搞出相声的效果。

之所以如此，核心问题出在“客户”身上，他们很难进入状态，假想出自己真正需要掏钱购买产品时的思维模式。而且他们对产品本身的特色太清楚了，也失去了一个客户应有的立场。即便有少数人很好地进入了状态，也仅仅只代表了自己所在的阶层的客户。比如你是卖奔驰车的，但是你的年收入只有几万元，如何能够代表那些真正的产品受众群？

在真实交易场景里，客户自己也不能确定在某一个时间点就一定该问什么问题，该以什么样的姿态问问题。此时，客户能做出确定无疑判断的只有对销售员的态度——喜欢、厌恶或者两者都不是！

为了避免出现徒劳无功的演练，我的培训方法是直接问那位学员家里的洗衣粉、洗发水、菜刀、酱油之类的东西是否快用完了。缺的人统统站起来，按姓的首字母登记编号。然后，把学员一起带到超市里，根据所缺物品名单，集中采购。

买好之后，把这些东西分发下去，比如张三登记的是缺一把菜刀，那么就让他拿着这把刀上街去推销，同时身上带好录音笔，准确记录销售过程中所说的每一句话。而我则带领其他学员在不远处暗中观察。而且我还设立了一套小小的奖惩制度——凡是把手中分配到的东西推销掉或者拿到接触客户的真实身份信息和联系方式的学员，除获得商品的销售收入外，再奖励等额的现金。而没有做到两点中的任意一点，则必须拿出等额的现金作为奖励基金。如果两者之间出现了差额，由我个人出钱补齐（当然，在这一点上我耍了个小心眼儿——规定单件商品的价格不能超过50元，要不我可亏大了）。

之所以要这样设计，就是为了最大限度地模拟出真实的交易场景。真实而未知的陌生客户、有奖有罚的激励机制、全方位的观察记录手段都是确保我获得全面真实数据的必备要素，并且这些日常生活用品都属于快消品，交易是否能够达成（或者说你是否能够获得他们的信任），主要就看在初次接触的几分钟内你讲了什么，做了什么。只有这样，我才能够做到因人而异，对症下药。

一般而言，通过两三天的实地考察，我就能通过观察和语音记录摸清班上每一个同学的亮点和问题所在。我把之前通过实地培训法得出的问题和解决方案和大家一起分享一下，这些问题都是按照统计学原理，依据出现的频率筛选而来，具有很高的代表性和普适性。

具体情况见下表：

出现的问题	解决的方案
十分突兀地出现在客户面前，给客户带去了很强烈的瞬间压迫感。一个极端的例子是张三提着一把菜刀随意来到一位大妈级别的客户面前，突然就来了句“大娘好”，老年人本来反应就比较慢，一看他手里还提着一把菜刀，当真是吓得够呛。最后自然是交易告吹。	1. 一般朋友之间的心理安全距离是在 1 米左右，而陌生人之间的距离则至少在 2 米以上，因此，在你走向客户之前，至少在这个距离上你们已经有过眼神接触。假如你对 2 米这个抽象概念不是很清楚的话，我告诉大家一个小技巧，成年男子三步的距离就在 2 米左右，这个可以很直观地判断距离。 2. 当销售员和客户距离 2 米时，他可能并没有注意到你，这需要分两种情况来分别处理。 一是客户处于移动过程中，那么在客户右前方出现能获得更大的眼神交流机会，因为在行进过程中，左脑的方向辨识能力发挥主要的作用，而左脑又恰好控制人的右边身体部分。 二是客户处于相对静止状态，那么此时让自己自然地站在客户正前方和左前方获得眼神接触的机会比较大。因为此时右脑的空间感知能力占据主流，左边身体部分感知更为敏锐。而站在正前方，则是出于人类的一种潜意识——总想看看自己的前面是什么。 3. 眼神交流以柔和为主，主要的作用在于向对方示意，可以伴有轻微的点头动作。

续表

出现的问题	解决的方案
自说自话，事实上把客户晾在了一边。例如，这类学员通常的表达流程是这样的：自我介绍→公司介绍→产品介绍→向客户抛出一到两个闭合式的反问句如“你不这样认为吗”，“我们的产品是不是真的很棒?”→再次回到产品介绍→还是产品介绍……这样的表达方式看似中规中矩，实则犯了销售员的大忌，客户不是花钱来听絮絮叨叨的背书的，他有自己想要的东西。	1. 原因分析：之所以会一而再再而三地重复产品介绍，不愿意给客户发言的机会，通常是由于销售员心里发虚，生怕客户提出的问题超出自己的掌控范围，无法收场。 2. 首先，要明确一点，说得越多，暴露的缺陷和漏洞也就越多，在交流过程中就越处于被动状态。要想找回主动权，就应该把问的主动权抓在手中，而把答的主动权完整地交给客户。只有这样，才能有针对性地抛出产品介绍，不走弯路。 3. 关于如何发问。 一般而言，家庭和事业是两个很好的切入点，因为这两者是大多数人经历的部分，踏上雷区的可能性较小。 比如，一个学员去推销家庭装的沐浴露，就可以先简单地说一下自己的职业和此行的目的（这一点很重要，任何意图伪装自己的销售想法都是得不偿失的，伪装得越厚，最后客户的失落和愤怒感就会越强）。 然后抛开沐浴露，和客户谈谈家中老人的健康，孩子的教育（这里要注意的是要对客户相关信息的把握尺度，例如不要对客户子女的姓名，客户详细的家庭住址以及收入状况等私人信息表现出过度的关注，这些元素要尽量避免，将注意力更多地集中在教育理念、生活习惯、情趣爱好等模糊的概念上，这样才能让客户放心地表达）。 到了最后阶段，再“象征性”地提一提沐浴露的问题。表现出例行公事般的程式化，给客户一种不在乎这次交易的感觉。如果前面销售员让客户表达痛快了，这一步就水到渠成了。

续表

出现的问题	解决的方案
试图控制客户的讲话节奏，不断地提醒客户他现在正处于交易过程中。最典型的情况就是在交流过程中频繁地提到价格、性能、性价比等功利性词语，而无视客户的表达需要。	1. 原因分析：出现这种情况，主要是因为销售员在心态上的急于求成。总想在最短的时间内达成交易，进而把销售的压力甩到客户的头上，变成购买的压力。为了达到这个目标，他们用一些自以为很具有冲击力的话语——例如，这副耐用不掉漆的竹节筷现在正是市场推广阶段，仅仅需要 10 元就可以买到。而一副质量远远比不上的筷子也至少需要 10 元钱，那么还犹豫什么呢? 2. 首先要打破一个观念上的误区。关于销售技巧的书中经常提到——要把话说到客户心坎儿上。但却经常有意无意地忽视了一个问题，其实不说话也是打动客户的一个方法。很多时候无声是能够胜有声的，比如你拿给客户一个造型新颖的打蛋器和一枚鸡蛋，让他自己玩儿去，销售员在必要的时候指点一下就行。等客户会用了，交易也基本上达成了，这是一个方面。另一个方面就是我要讲的第三点让客户掌握节奏。 3. 给客户自由发挥的空间，也许销售员在唾沫横飞地讲竹节筷的价格优势时，客户更想说的则是他老家也有一片竹林，小时候自己也和小伙伴们一起做过竹筷，在竹林里玩过很多的游戏……你可能认为我这是胡搅蛮缠，客户根本不可能想到这些。但我确实碰到过这样的客户，并且在现在日益浮躁的社会环境中，人人都在大声嚷嚷，但想要找到一个合适的倾听者却是越来越难，对于客户而言，你认真听他追忆快乐童年的价值远远高于什么 10 元钱的竹节筷。只要愿意静下心来听，他可以钱照给，筷子不要。这也是说到心坎儿里的一种表达方式。

这里我只是把三个最常见的问题提了出来，在后面的章节中，我还会对一些细节问题做进一步的说明。

从小处入手，用细节抓住客户

“销售圈中的风云变幻当真难测，这个项目我原本以为十拿九稳，然而就在临门一脚的时候，才发现自己是一个彻彻底底的失败者。从3月份到9月份，我为这个项目殚精竭虑地忙活了整整半年。其间，我女儿出生，但同在一座城市的我，却不能和她一起迎接生命中的第一缕阳光。因为，此时我和同事正在整理一大堆测试材料和市场数据，为的是能在投标中进一步加大胜算，是的，是加大胜算。最大的竞争对手和我们公司的实力在伯仲之间，虽然他们的投标人员也很努力，但我知道，他们的项目资料绝对没有我们做得翔实、有说服力，他们拜访上上下下客户的次数也没有我们多。我们甚至已经通过一些可靠的渠道了解到了对手大致的报价情况。我没有理由会输！

开标的那一天，我很兴奋。只等客户负责人念出那个熟悉的名字，就可以回家好好地弥补一下对女儿的亏欠了。但我败了，竞争对手中标了。我以为是可靠的渠道提供了不可靠的消息，但我又败了，对方的报价并没有变。我愤怒，失落，憋屈，半年来的苦楚和艰辛，在这一刻，凝聚成了滴滴男儿泪。这是干销售6年来第二次落泪，而第一次还是在6年前，签下第一笔8万元订单的时候……”

这是我2005年写的一篇日记，当时我遭遇了销售生涯中的一次惨败，在竞争一家大型国企设备改造项目过程中，被对手用一个小细节打败了，一败涂地。

当时所有的同行都认为我带领的团队中标的可能性最高，设计、质量、价格、售后服务、基本的客户关系，这五个最重要的因素我们都不含糊。因为这个项目的金额较高，胜出的可能性也比较大，当时的公司领导也对我寄予了厚望，在人力财力上都投入了巨大的支持。一切都似乎再好不过，只等最后收网捞鱼，清点战果。

结果出来后，不但我自己不能相信，连我所在的公司也不相信。他们不相信的直接后果就是我被公司降级，刚刚有一些起色的事业立马跌入了低谷。

痛定思痛，我将整个项目的前前后后仔仔细细地梳理了一遍。又找到那家公司里关系比较好的经手人员。才得知我居然是被一个看似和交易完全无关的人给打败了。

当时直接负责这个项目的是一个公司副总。但我的竞争对手抱着试一试的态度和对方公司的老总见了几次面。但也仅仅限于见面而已，并没有什么直接的进展。不过，有一次，对手无意中提到要去苏州出差，老总听了之后，顺便请他帮忙带一些家乡的特产给在苏州上学的女儿。

这本来就是件小事儿，他想都没想就答应了。出差之前，他动了一个心思。大学里面一般是几个人一个寝室，老总让帮带的这点儿土特产很有可能不够分，就自己掏钱又买了一些。

到苏州之后，把东西交给老总的女儿，她是相当高兴，本来就是青春年少，好咋咋呼呼的年纪。立马呼朋引伴，三下五除二地就把这些东西给处理完了。看她们还有些意犹未尽，对手又做东请吃了一顿。本来这就是件不起眼的小事儿，他也没怎么放在心上。

可是在讨论谁中标的时候，作为领导出席的老总明显地表达出对竞争对手公司的好感，这一下子就把局面给搅浑了。我们公司确实占有一定的优势，但也还没有达到非选自己不可的地步，而对手公司的产品也完全能用，当然下面的这些中层干部也不好说什么了，就卖了个顺水人情。因此，我就这样机缘巧合地出局了。

后来才知道，女儿是老总的掌上明珠，对手那次带礼物和请客都做得比较到位，她回家后，对这个人很是赞叹了一番。本来选谁不选谁不由他负责，但他在讨论会上的表态却直接左右了最终的结果。

从这个角度来看，我是被几份土特产外加一顿消费不足千元的聚餐给打败了。但明白其中的缘由后，我心服口服，无话可说。这就是细节所带来的蝴蝶效应，也是我从那件事中收获的最大经验。

现在的销售圈之所以竞争激烈，就在于各方实力差距都不大，也许其中一家公司的注册资金是1亿元，另一家是2 000万元，但后者在技术水品上稍占优势，这一下子就将二者拉到了同一条起跑线上，客户选择其中的任何一家都有足够的理由。那么要想赢得最后的胜利果实，只能是在细节上付出更多的努力，让客户情感的天平倒向有利于自己的一方。

在这件事之前，我大多数时候只是注意到了狭义工作范畴本身的细节，如为客户提供最全面的资料，及时听取和反馈客户的意见，不拿客户公司的一针一线等等，但却在很大程度上忽视了工作之外的细节，而这些恰恰是决定交易成败的关键所在。因为工作上的事情大家都不会含糊，该做好的都会做好，根本体现不出己方的竞争优势。这也就是缺乏国人常说的“功夫之外的功夫”。

又一个10年过去了，在这里我把这10年来一些关于细节方面的问题，列出来和大家分享一下，希望能够帮助朋友们少走弯路，直击要害。

建立完备的客户档案。

这里我所说的客户档案包括两个方面：

一是工作范畴内的，它包括客户公司的组织构架、各部门负责人姓名及联系方式、之前使用设备的基本情况、之前采取的是什么样的采购流程、长期供应商有哪些、客户在所处行业所占的市场份额、公司总部和各地分公司的具体地址和联系方式等，这一类信息大多可以通过公开的信息渠道——如公司网站、招标公告、企业宣传资料等获得。它能够让销售员对企业的基本状况有一个大致的了解，也能及早地做出对应的目标设定。如果客户已经有了长期供应商且供应商实力高出自己不少，那么就应该果断地放弃，把时间和精力放在成功概率大的客户身上，对于销售员而言，浪费时间就等于亏损。

第二方面虽然也是属于工作范畴之内，但这些信息需要通过更为多元化的方式进行了解。

比如，客户各部门领导的性格、相互之间的关系、一把手的行事风格、重要领导的日程安排、在企业内的升迁路径等，这些信息对于理顺与客户之间的关系，制订有针对性的销售公关策略都有很大的帮助，同时还能避免销售方陷入不必要的麻烦当中。当然，要获得这些信息没有一个通行的捷径，只能是踏踏实实地多多拜访和仔细观察，不断积累，培养出敏锐的直觉。

例如，一个空降的领导在企业中只有两种结果：一种是企业内部各方利益僵持不下，他以外部的平衡角色介入，在企业中占据重要地位；而另外一种是成为一个摆设，处处遭人排挤，郁郁不得志。在销售的时候，如果每一个供应商在企业中都有自己的代言人，多方僵持不下，那么空降领导将是一个很好的突破口，而代言人则要看清楚他的现实处境，不要被表面的头衔所迷惑，和他维持一般的关系即可，切忌投入太多的精力。

这个过程中也不乏一些小细节可以运用，比如公司内的基层老员工、领导的秘书、公司的门卫，他们虽然是一些小角色，但却是企业内部诸多信息的集散点，和他们搞好关系的成本并不高，但能获得的信息量却不少！

工作范畴之外的细节把握。

工作以内的细节我们可以称为交际，而工作之外的细节则可以称为人情。

先摸清项目关键人员的兴趣爱好、家庭情况、作息习惯，对症下药。爱喝茶的人，有空就多约他出来喝喝茶，爱旅游的人就找时间陪他逛逛，情感不顺的人就多找他喝喝酒，聊一聊。

做这些事并不是要指向明确的一个目标——在这个项目上，你一定要帮我。只是人情，无关功利，也就是简简单单的朋友往来。

客户在工作的时候都不会主动提出这些问题，但其潜意识里又希望销售员能够明白。

要明白一些小细节往往能带来截然不同的心理效果，就像我的竞争对手仅仅是自作主张地多带了一点儿土特产，请一个貌似无关紧要的人吃了一顿饭，却影响了一笔大宗交易的终极走向。其实也很好解释，在老总的眼里，只要产品能用，谁能带给自己更大的心理愉悦就用谁家的。而在这个位置的人，几万几十万元的好处费很多时候都比不上宝贝女儿的一次高兴。

抱着一颗对待朋友的心去做这些就好！

谁都想做 VIP ▬

在销售圈子里待的时间越久，越能深刻地领会到一点：人估计是这个世界上最为特别的生物。一方面，我们希望生活在一个完全平等，大家一视同仁的世界中；另一方面，人们又迫切期待自己能够享受到别人所享受不到的待遇（哪怕仅仅是面子上的）。大家都在渴望成为那个 very inportant person（VIP）。

上小学的时候，VIP 意味着肩上有几道杠，在参加各种活动时，有机会显眼地站在队列之外，有机会在别的同学安静地坐在座位上时，站在讲台上训话，有机会成为第一个知道同学们考试成绩的人，有机会成为第一个喊出"起立！老师好"的人。

上大学的时候，VIP 待遇意味着你的所作所为能够换来不一般的反映。比如，昨天晚上熬夜游戏人生，第二天可以无忧无虑地翘课，但这算不得 VIP 待遇；而够格的反映是在上课的时候呼呼大睡，老师能够走过来，轻轻地敲一下你的桌面，温和地说：钻研不要太过刻苦，要注意劳逸结合，马上就要下课了，待会儿回寝室去睡，别着凉了！再比如，你发起一个活动，大家全票赞成，但这也算不得 VIP 待遇；够格的表现是你能完全掌握这次活动参与者的平衡，既能让他们动起来，还能各安其位，各显其能！

离开学校以后，VIP 待遇意味着你能在众目睽睽之下接受别人嫉妒目光的投射。比如，当你的银行卡上有了 50 万元的余额，你可以直接绕过银行柜台前的漫长的排队人流，直接办理业务，而当你的银行卡上有了 200 万元的余额，你可以直接到有好茶、好沙发、好服务员的贵宾厅接受服务。又如，头等舱的旅客能够享受到更大的空间，更舒适的氛围。

从这些不同时间段的 VIP 待遇可以看出很多东西，虽然人人都在期待这种待遇能够降临到自己身上，但人们对待遇的具体内容还是有很多想法的。这一点对我们的销售员来说至关重要。因为这涉及一个很现实的问题——什么样的VIP待遇才能起到促进销售的作用。

具体来说，在少年阶段，人们对VIP的期待和认识很简单，从本质上来说只是一个没有什么实际意义的形式。比如说，你一个人站在队列外面，风光是风光了，可是必须付出很大的代价，你必须在言行举止上投入更多的精力，不能东张西望。还得随时接受一些从天而降的跑腿儿任务，这也就意味着留给自己玩儿的时间少了。

这其实也代表了一种VIP销售的模式，它让你在得到一种虚无缥缈的待遇的同时，背上了沉重的额外负担。这在生活中很常见，很多企业都会印制一大堆的VIP卡片，上面标注着凭此卡在某某消费可以打几折几折，可以参与什么什么样的讲座或者体验活动。然后让自己的销售人员四处散发，并趁机记录下客户的联系方式，再然后，就是隔三岔五地打电话“回访”了。

其实，就算客户有这样的需要，大多数时候也不会选择发卡方的服务，因为这种方式既显得太过草率（每个人只要想要，就都能得到），还不得不背上被骚扰的负担。况且这是一种对客户一无所知情况下的广撒网行为，很多客户并不需要这项服务，卡片本身就是一个负担。这就像一个人在大街上散发柴火一样荒诞，对于城里人来说一无是处，拿回家的话还占地方。

而在大学阶段，对于VIP待遇的认识其实是最为纯粹的一种，这种待遇的获得带有更为浓厚的个人色彩，受外界因素的影响较少。因为此时大家虽然有了一些微妙的利益关系，但大多数人都还是能够保证按照自己内心的想法去评判一个人是否应该得到VIP待遇。这种基于个人能力的VIP待遇是销售中最为有效的一种方式，它能够直接深入客户的内心。因为他知道，站在眼前的这个销售员真正地懂他，尊重他。

因此，利用这种VIP模式进行促销，终点反而不在于细节上的执着和纠缠，而在于把自己的这份尊重完整无误地传递给对方。例如，要将一套高档别墅卖给一位几经沉浮的企业家，那么你完全不用考虑一定要让他走什么贵宾通道、豪车接送看房，或者特意地放低自己的身段去逢迎他。而是要把主要精力放在挖掘他的创业故事和人生经历之中，从创业的艰辛和人生的悲喜切入话题。对于一位几经沉浮而未倒的企业家来说，他在意的是和他打交道的是一个什么样的人，能不能真正地懂得他、理解他、认可他。这三点就是他评判 VIP 的标准。

而社会上现在种种通行的 VIP 待遇其实有很多的问题，将 VIP 待遇和消费金额、资金实力捆绑在一起的销售方式会给客户带来一种很不好的感觉。服务不好了，那是失职；服务好了，那是理所应当的事情。因为你只是冲着我的钱来的，那么我也就只能用钱的逻辑来评价销售员的销售方式。还是拿上面那位买房的企业家来说，如果仅仅是想通过一些特殊服务，比如豪车接送、酒店高端客户聚餐等方式来赢得他们的认可，会很有难度。这些人见多识广，该有的其实都有了，只要这些 VIP 待遇不会超越他们的心理预期，带来惊喜，那么这些推广成本基本上就相当于打水漂了。但这里有意思的一点出来了，如果用这些方式对待普通的客户，往往又能取得很好的效果。

之所以会出现这样有趣的现象，就是因为每个人对于 VIP 待遇的理解不一样。絮絮叨叨地讲了这么多，这一点是关键中的关键，也是很多销售员在销售过程中常常忽视的问题。为客户提供 VIP 待遇一定有助于销售，但如果不能准确理解客户心目中的 VIP 待遇标准，那很可能会起到事倍功半的效果。其实这个道理很好理解，不合时宜的 VIP 待遇就像如今遍地都是的玻璃，平淡无奇，价值微小。而一个恰到好处的 VIP 待遇则像是 1000 年前的玻璃，比黄金还要昂贵。下面我就来具体谈谈如何利用人们的“VIP”心理来进行促销的方法。

VIP 待遇永远只能给成交可能最大的客户。

这一点表面看来大家都懂，每一个销售员所掌握的资源都是有限的，客观上不可能做到对每一个客户都提供尽可能优越的条件，因此只能在资源和精力上向重点客户倾斜。

但在实际操作过程中，很多的销售员就做不到这么淡定了，他们担心销售场上的风云变幻太过无常，生怕自己的资源倾斜会导致其他客户产生厚此薄彼的感觉，进而影响到自己的销售事业发展。因此，他们总是会把有限的资源放到无限多的客户当中去，你会发现这类销售员认识的人很多很多，过得也很累，你说北京的谁谁，他认识，再说海南的某某某，他也能说那是我之前的一个准客户，但如果你再细问他们跟这些客户的交情到了哪一步，就会发现，他翻来覆去说的无非是请对方吃过几次饭，知道他的职务、年龄、酒量，仅此而已。

说这样做完全是错的，也不太妥当。因为销售圈里确实存在很多的不确定因素，就算合同签下来后都还有可能存在变数。如果押宝在有限的几个客户身上，确实就存在着很大的风险。而广撒网的方式确实也能捞到一些单子。但风险从来都是和机遇相伴而行的，如果连这点风险都不能承担，那么只能说明你不适合这个行业。而且，采取广撒网的方式只会导致客户多而不精的情况，这基本上就等于你把拿下订单的希望交给了上天，这和买彩票其实没什么区别，风险孰大孰小，一目了然！

因此，在销售的过程中，要坚决避免求大求全的心理，集中优势资源，主攻成交可能最大的一个目标。

深入了解客户是所有销售工作的第一要务。

正如上文所述，我们生活的世界是千人千面，每个人的追求、爱好、品位各不相同。也许销售员中的 VIP 待遇在客户眼中根本就不值一提。比如说在客户面前表现得毕恭毕敬，有的客户就会觉得如此行事很做作、虚假。还有的销售员尽自己最大的努力，为客户省下了不少的开支，就像在装修过程中，设计师将一些华而不实、不适合客户家庭的东西去掉了。站在销售员的角度，他会觉得自己对客户已经做到了仁至义尽，相当厚道了。但客户却可能不这样认为，他也许就喜欢销售员抛给他一个又一个的新鲜概念，让自己陶醉在前卫和时尚的氛围里。只有那样，才能体现出自我的重要性。

因此，在决定要给客户 VIP 待遇前，首先要做的是判定一些关键节点，例如性格、兴趣爱好、价值观等。这里有一些小技巧可供大家参考。

看：

视觉形象往往体现出了客户的品位和价值观，这倒不是以貌取人或者说以服装取人。而是外在形象本身就在持续不断地释放出客户的审美趣味，换句话说，也就是他们想要成为什么样的人。从这一点出发，也就决定了看的重点在于客户是怎样装扮自己的，而不是他用什么材料装饰的。

举个例子，一个中年妇女，耳朵上挂着两串玛瑙耳环，脖子上戴着一条黄金项链，披貂皮坎肩，手提 LV 包，眼线很深，着妆痕迹较重，且有些散乱，皮肤苍白有皱纹。从整体的感觉来看，这是一个俗不可耐的人。但这不是重点，关键在于她想通过这些要素的组合重新获得社会的认可，和岁月赛跑，希望大家认可她的人生过得不错，认可她家庭的实力（虽然此时她很可能和中年发家的丈夫产生了各种矛盾）。明白这一点后，想要让这位客户再买一副翡翠手镯轻而易举。

听：

一个人的语言往往和他的性格密切相关，如话多、有节奏感、重复语汇少的人通常思维清晰，反应较快，因此对外界的感知能力也更强，同时表现欲望也更强，如果要让他们体悟到自己所受到的认可高于其他人，那么就不是用那些送点儿花、送电影票所能搞定的。主要的是要为他提供正面表现的空间，比如他是买房的客户，可以邀请其作为业主代表向大家介绍对楼盘的感觉和体悟等。

当然，我在这里只是提出了一种思路，不可能将每一种性格的人对应的语言特点一一列举出来。这个只要在平时的交流过程中注意观察和积累（在发呆或者有点儿无聊的时候就回想一下遇到的人，本身就是一件挺有趣的事情），还是很容易出成果的，可以说是典型的低成本、高回报收益。

肢体语言：

肢体语言和口头表达其实有很多的相似之处，豪放的人与谨慎的人走路时的状态是不一样的，一个是势大力沉、步伐开阔；一个是一个萝卜一个坑儿，对自己前方两平方米内的情况看得真真切切。做作与真性情的人举手投足间也有明显差异，有时候即便坐的姿态让自己特别不舒服，做作的人也不会挪动一下，大家身边估计都有过这样的朋友，看看他们的性格是否如此？如果这一类人是主要客户，那么繁复的礼节，花哨的展场布置都能取得比较好的效果。

还是那句话，每个客户内心都渴望别人给予不同常人的待遇，但这不是重点，关键在于挖掘客户对这个待遇的界定和认知，对症下药才是根本，要相信这一点，自己认可的好并不一定等于客户认可的好！

用“心”拉近与客户之间的距离

虽然大家都知道，在人际交往中，要注重拉近人与人之间的距离。但在如今亲戚同学尚且钩心斗角、互相猜忌的社会背景下，一个以从别人口袋里掏钱为直接工作目的的销售员要想做到和客户贴心谈何容易？

说实话，对于这个问题，我也没有绝对完美的解决方案提供给大家，但这也并不意味着我们只能听天由命，宏观不行，微观的处理还是有章可循的。

孔子说：子欲立，则必先破。要想真正拉近和客户之间的距离，首先就应该破除对交流过程不切实际的想象。推销员可能会本着负责的态度，告诉客户这台笔记本电脑因为运行效率的原因，会导致发热量比较高，在使用时应该注意不要连续使用 5 小时以上。但客户听了这样的介绍后，很有可能转身就走了，一笔交易就此泡汤。

问题来了，那么什么是破呢？

“破”是否意味着自己的好心被当成驴肝肺后就能问心无愧地说这款笔记本的散热性能优良，跟台式机都有得一拼？

如果作为一个数码城的电脑推销员，他有足够的理由促使自己那样做。因为即便客户购买的产品出现了问题，责任也会落到电脑品牌的售后服务商身上，在现实生活中，谁看到过电脑运行出问题后找推销员的情况？万一客户找上门来，推销员最坏的结果也就是换一家数码城接着干。

说谎的成本很低，但收益却不低。

但这种利益层次上的“破”，对于拉近和客户之间的距离没有丝毫意义，因为你既然看到这本书，并且耐心地看到这里，就一定不会把自己的格局定位在只是看重那几百元提成的程度。我们既然要成就大事业，自然要做真正意义上的“破”——抛开“看起来有足够理由这样做”的想法，回归到真诚上来。这是和客户进行交流的基础和前提，做到了这一点，即便交易不能成功，但你至少多了一个对未来发展有利的朋友。

然而这是很难的一件事，因为真诚毕竟是一个比较模糊的感性概念，推销员认为自己真诚，客户是否能够感应到你的真诚又是另一回事了。有的客户会觉得推销员谨小慎微是真诚，因为这体现了一种负责任的态度；而又有一些客户认为不拘小节的大大咧咧才是真诚，因为他们认为一个豪迈的人不会有太多的心眼，具有更多的担当精神。

那么是否有一套通吃各类客户的销售话术模板呢?

我的回答是否定的。除了表示礼貌的你好和谢谢之外，我确实想象不出有什么语言可以做到老少咸宜。

要想用语言拉近和客户之间的距离，没有什么一招鲜吃遍天的武功秘籍，那不现实。出路只有一条——以不变应万变。

客户的偏好虽然多种多样，但归根结底，人类是一种直觉动物，是否真诚，他心里是能感应到的。就像那些进行电话诈骗的骗子，不管他们所设计的套路有多么复杂和严谨，大多数的消费者都能第一时间感觉到这事儿有问题，这就是直觉。而如果你去问消费者，他们为什么能够识别这个骗局，答案无非是简单的两句话：天上不会掉馅饼，天上也不会掉刀子。

简单的两句话事实上也为如何让大多数客户都能感到真诚提供了方向。虽然没有具体的教程可以帮助销售员说好对每一个客户的每一句话，但产生真诚感觉的原则却始终未变。他们就像组成人体的 60 多种元素一样，构建了世界上各种各样的人。掌握了这些原则，销售员自然会占据主动的地位，而用不着挖空心思去揣摩客户心中的小九九，那只是客户用来防止自身受到销售员伤害的一层保护罩，当他感受到真诚相待时，自然也就不攻自破了。这些原则主要包括：

赚小钱的目标，做大事的心态。

这句话听起来有些矛盾，但实际上是一个强烈的心理暗示。

在一个唯利是图的人身上只能看到他对钱的真诚，比如临死前还因为多点了一盏油灯而久久不能合眼的吝啬鬼葛朗台。而一个有做大事心态的人，则会自然地流露出对朋友的真诚，因为他们明白凭自己一人之力，赚到的钱终究有限，而一群朋友才是永不枯竭的“造币机”。数次散去家财的陶朱公范蠡就是一个典型的例子。

干销售这一行，赚钱肯定是一个直接目标，但在实际操作中，则一定要先树立一个赚小钱的目标。这可以降低你对这次交易的暴利冲动，将更多的精力放在交易本身上，抱着做成了就多了一个朋友的心态与客户交流，实际上也能有效地减轻来自销售员的心理压力。

要赞美，但不要吹捧。

世界上没有人会拒绝别人的赞美，这是一种人类寻求认可的本能，到位的赞美总是能够激起一种放松警惕、敞开心扉的愉悦感。但要注意，吹捧的效果则完全相反。在中国这个“马屁文化”有着深厚土壤的国度，上至达官显贵，下至贩夫走卒，都清楚一点，如果一个人平白无故地拍自己的马屁，那么一定有什么麻烦的事儿等在某个地方，他只能是通过暗中加倍防范来保护自己。

比如，一位妈妈领着 6 岁的女儿来到琴行，想看看小提琴，如果合适的话，就买一把。销售员在旁边热情地接待，陪小朋友试琴。说实话，小朋友拉的并不好。技术上先不说，毕竟年纪还小，节奏很散乱，听到的人都会知道，这个小孩儿的乐感并不好。如果这个时候，销售员硬要说小朋友虽然年纪不大，但乐感极佳，假以时日，将来很有可能会成为像马尔科姆一样的传奇小提琴家，那就显得很不真诚了。妈妈虽然不是专业的音乐人士，但凭直觉也能得出一个结论——睁眼说瞎话。但如果是换一种说法，比如，妈妈真的是一个很细心也很负责的人，能够见微知著地察觉到小朋友在每一阶段的性格特点。现在小朋友性格比较浮躁，而6～10 岁正是孩子性格形成的重要阶段，这个时候选择小提琴能很好地帮助他把性格中的不稳定因素消解掉，这些都足见妈妈在孩子身上付出的努力云云……两种说法，你们说哪一种更好呢？

在具体的操作过程中，赞美和吹捧的界限就在于赞美是基于适时的客观判断，而吹捧是不分青红皂白的拍马屁。比如，一位客户爱好书法，但还仅仅停留于爱好阶段，写得很一般。销售员如果说他的这个爱好有品位，那是赞美，因为书法确实是一种公认的高雅艺术形式；而如果你说他的书法作品已经有了王羲之的风韵，那就是吹捧了。

说自己能负责任的话。

世界上没有绝对完美的产品和服务，在销售的过程中，大家都会尽力将产品最好的一面呈现在客户面前。如果客户没有主动提出一些关于本产品弱点的问题，这一点无可厚非，但对于你已经说出的每一句话，一定要有负责的能力。衣服不掉色就是不掉色，肉是新鲜的就是新鲜的。这样做不仅能够减少后期很多不必要的麻烦，还能让销售员在客户面前显得更加自信和有说服力，有了自信和说服力，传递出真诚的感觉也就容易多了。

坦白地讲，谁也不能达到见一个客户就能和一个客户成为好朋友的境界，但是不管客户怎么变，只要守住了这三条原则，大多数客户都能从陌生人变成朋友！

巧妙对待客户的抱怨

可以想象，在和客户交流的过程中，最糟糕的状况莫过于客户没完没了的抱怨甚至是发火了。

我曾偶然看到这样一件事：一个 50 岁左右的妇人到数码电子柜台去退货，她给出的原因是，自己本来是想把这台平板电脑作为给女儿生日时的一个惊喜，不过，意外的是生日前一周，她发现女儿刚好买了一部同款产品。所以要退货。

而销售员却不同意这个要求，因为她认为这台机子已经拆封，并且时间也已经过去了半个多月，根据规定，这一款产品是 7 天内包退，15 天内包换，他们没有理由承担退货责任。

看起来双方都有支持自身行为的充分理由，而且销售方的理由似乎在理论上更站得住脚一些。不过，销售的神奇之处就在于结果的不确定性，这一次也没有让我失望。

那位妇人一开始的口气还比较平缓，用商量加请求的语调和销售员沟通。如果是一般的销售员倒也还罢了，可凑巧的是那天值班的人是一个得理不饶人的角色。随着交流逐渐陷入僵局，妇人开始发力扭转局面。声音的分贝是一次比一次高，肢体语言也多了起来，在节奏上，开始还能她说一句，然后等销售员回一句，到了后来，就只听见怒吼而没有回音了。

说实话，我还挺佩服那个销售员的。本来就是周末，书城里顾客很多。一个中年妇女的持续发飙绝对是一件让人感到很恼火的事。看着越聚越多的人群，她却做到了死不松口。

最后，还是书城的运营方熬不住了，驱散人群，把妇人劝到一个角落，好心安抚，退款息事宁人。

之所以要把这件事儿单独拎出来说道说道，原因在于它涉及一个销售中经常遇到但又很棘手的问题——如何处理客户的对立情绪。

什么时候客户最有可能发火？他们发火真的是因为愤怒，还是一种达到某种目标的手段？怎样在客户情绪激动的时候保持冷静并快速找出合理的解决方案？这些问题都是本节将要重点予以关注的。

再将视线转回到书城，我当时看到楼面主管在争吵开始发酵时，就已经不紧不慢地来到了现场，但他并没有直接介入，而是在一旁倾听。既然已经到了现场，而又没有对销售员的坚持予以制止，此种行为本身即是一种态度——支持销售员。他也处于一个两难的境地：在道义和工作上，都应该支持销售员，而工作的另一方面又要求他要防止事态扩大。最好的结果是通过销售员的坚持，让妇人明白自己的目的已经被人看穿，我们不吃你这一套。你最好还是见好就收吧！因此，不到万不得已，他不会出手。一旦出手，就一定要在自己的权责范围内把这件事解决掉。否则，自己的出手就是帮了销售员的倒忙，助长了妇人得寸进尺的嚣张气焰。

而中年妇人的愤怒则绝对是一种手段，她已有的条件并不足以保证达成退货目标。只能依靠别的方法增加自己谈判的筹码，商人做生意，讲究的是和为贵，谁都忌讳有人来吵吵闹闹。那么吵闹无疑是一种成本低、见效快的便捷方式。

在整个流程中，妇人、销售员、楼层主管、书城里的顾客都被拉入了一个博弈圈。他们之间的关系如下：

• 妇人和销售员是对立关系。

• 楼层主管支持销售员。

• 妇人通过吵闹“绑架”了整个书城里的顾客，并以此为“人质”，胁迫楼层主管妥协。

从这件事中，我们可以看出，客户的抱怨和愤怒大多数时候只是一种手段。背后一定有一个具体的目标支撑，当一个客户跟你喋喋不休地抱怨产品这也不好，那也不好的时候，也恰恰是他心理最薄弱的时候。因为他内心有一个声音在怦怦乱跳——我要这件商品。说他脆弱，是因为他很害怕被销售员猜中其真实意图，进而采取持久战姿态。他知道，一旦那样，自己就输了。

那位妇人大声喧嚷的内容无非有两点：

• 我是有钱人。

• 我不在乎这点钱，我可以当场把这台平板电脑砸了，我在乎的是你们对消费者的态度。

这也是很多客户面对销售员时的常用伎俩，把自己的核心诉求隐藏起来，顾左右而言他。比如，妇人绝口不谈买的平板已经过了退货期，而将焦点直接放在了一个能够引起看客兴趣但实际上又莫须有的"对消费者的态度"上来。

又如，一对领证儿的小夫妻，准备订酒店举办婚宴。他们刚好看中了一家，不过在和客户经理沟通的过程中，从厨房到洗手间，再到大厅的布局、座椅带给人的感觉，一路指指点点，总在那儿强调不够喜庆和大气，少了一点儿怎样怎样的感觉！但实际上，他们想要的只是把每桌价格从 1000 元降到 900 元，当然，也许 950 元也能凑合。

因此，当我们面对一个抱怨甚至发火的客户，第一步要做的是甄别原因。

方法很简单，如果客户愤怒的焦点是在商品和服务本身上，那么这确实是某些地方出现了问题，在原因没有查明前，一定要保持绝对积极的处理姿态，快事快办，绝不拖延。这样的情况有货物没有按时送达、产品外包装和内容的不相匹配、产品的某些功能不能正常使用（如手机接听电话时有杂音）、销售员欺骗性质的宣传等。

而如果客户提出的问题很散、很杂，并且总是在态度、尊重、责任、权利等模糊概念上绕圈子时，那么也只能是以下两种情况中的一种：像妇人一样，想要获得某种事实上的利益；要么就是向销售员发出了一个委婉拒绝的信号——不用再费口舌了，这么多的问题怎样解释都没有意义。针对后一种情况可以直接放弃，既然话都说到这个份上了，也没有必要死乞白赖地纠缠下去，那对双方都是个损失。

假如是第一种情况的话，那么就直接进行到第二步，不管销售员感到这个人多么不可理喻，都应该先让自己深呼吸 5～10 次，先冷静下来，然后再找出他们的真正目标。

在这次事件中，妇人呈现在顾客面前的高姿态意图向人证实一个判断——她受到了极不公平的对待。而事实上，她想要的只是退掉平板电脑而已。当然，这是一种很原始的应用手法，明眼人一看便知问题所在。通常客户的操作会更为隐晦，但万变不离其宗，最核心的一条无非是价格和折扣的问题。遇到这种客户，不妨逆向运用一下“先入为主”的方法。将客户对现在价格不满意的假设作为下一步行动的基础。

确定假设之后，就可以进入操作的第三步，向客户暗示你已经知道他的伎俩，开诚布公是最好的选择。一个经典的表达方式为：某某，我们是朋友，我不相信你是为这样的事情而发怒，来吧，说说你想要什么？即便对方继续打太极，但在不断的追问中，他自然会释放出越来越多的真实信息，销售员可以据此推断出客户的心理底线。

最后，来到了第四步——有技巧地妥协。不管事情的前奏多么轰轰烈烈，最后一定要有一个结果。

妇人的表演是成功的，而楼层主管和销售员在这次交易中却最终失败。这次事件本有可能通过有技巧的妥协解决问题。

具体来说，销售员要想完全守住不退不换的死理只有法律上的可能，而不具备现实的操作性，如果真是那样，妇人将会被送入一个很尴尬的处境，抛出老脸，闹也闹了，但最后啥也没有得到。到那时候，本来是作为手段的抱怨发火极有可能转化成真正的愤怒，真走到那一步，对双方都将带来不小的损失。

因此，楼面主管应该在销售员和妇人陷入僵持状态时，以领导的身份提出解决方案——换一台价值相等的产品。这是最明智的选择，因为它既顾及到消费者的面子（已经过了15天的包换期），也没有形成自身的实际损失（退货意味着交易量为零，而换货则代表交易量还是一。两者的区别在于前者已经形成了事实上的经营损失，而后者已经将收入计算成为了利润，这是一个很简单的道理）。

因为妇人在事实上并不占理，如果销售员和楼面主管能够多坚持一段时间，然后抛出这个折中的解决方案，她有很大可能会放弃吵闹。在设计妥协方案时，一定要坚持两个原则：保证自己的核心利益不受损害（例如，书城销售书的核心利益就是不能退款）；要有具体可行的让步（如换机）。

综合来看，循序渐进地按照这四步行动，注意好节奏的把握，我相信能够很好地化解这个困扰销售员的难题。

刺激客户，促成交易

销售的目的是让客户掏钱，而难题就是怎么样让客户愿意掏钱，有时候，客户已经有了足够的购买理由，但还是不能下定决心签单，这时候，一点儿适当的刺激就很重要了。在这一节中，我将对如何激起客户做决定进行详细的说明。

之所以将这个问题放在本章的最后来讲，是有原因的。因为本章前面的部分讲到了细节、争议的处理、客户距离、说话方式和节奏等，这都是本节所要谈论问题的必要弹药。而促使客户下决定就是一次销售战役中最后的攻坚战。从一开始的接触，到一次次的拜访沟通，看起来，销售员把该说的话都说了，客户也把想问的问题都问了。剩下的事情本该如在一加一后面写上二一样简单，客户要么签单，要么终止沟通，另寻下家。但销售过程的吊诡和魅力恰恰在此时出现了——双方进入了僵持状态。

就像一对恋人，处了很久，双方感觉都还不错。不过当真正把谈婚论嫁摆在面前时，情况就会发生诸多微妙的变化，热恋时的纯粹会被焦躁、彷徨、期待、犹疑、顾虑等混合物所取代。客户在面对最后的合同时，也会出现准夫妻的这种困惑。因为签字掏钱，就代表着事情已经拍板了，拍板之后会有什么后果，客户不清楚。他很自然地会往糟糕的方面想——出了钱买到不合心意的产品怎么办？产品有问题对方不理会了怎么办？后续使用成本太高怎么办……

要想解决这个问题，还得从一个原始的话题——推销流程——谈起。它是整个交易的总纲，理顺了，交易也就成功了一半。现在日益庞杂的销售类书籍对销售流程做了很多复杂的推演，甚至已经精细到把客户的性格设置成参数变量，然后用计算机来测算反应时间和频率的地步，我个人认为这些完全没有必要。还是那句话，销售的本质是人与人打交道的过程，从这一点出发，所有的流程都可以归结为以下三个阶段：

一是发现客户。

二是确认客户的购买意愿和购买能力。

三是促使成交。

在之前的章节中已经谈到了很多关于这三阶段的思路训练方法，这里我也就不再重复具体内容了，但还是有必要强调一下每一个阶段的工作重点，给大家提个醒，别浑浑噩噩的走到最后才发现，你跟一个错误的人在错误的时间推销了一款错误的商品，那时候就真的是悔之晚矣了。

在第一阶段，重点在于撒网的广度和宽度，利用一切可以利用的渠道（如发名片、行业聚会、网站黄页、公司公告等）获得潜在客户信息。

在第二阶段，重点在于确定哪些是现阶段的目标客户并加以维护，判断标准为强烈的需求和事实上的购买力。

在第三阶段，重点则在于打破僵持状态，引导客户做出决定。

这三个阶段有明显的先后顺序和侧重点，如果出现混乱，再好的促销手段也是枉然。例如，你将第三阶段的方法运用到第二阶段的客户身上，就会出现两种让人不愿意看到的情况：一是目标客户觉得你急于求成，要么放弃，要么采取观望态度，期待能狠狠地敲你一笔；二是把时间和精力浪费在完全没有价值的非目标客户身上，这本身就是一笔损失。

清晰明了的销售流程是成功的一半，那么剩下的一半则要归功于打破最后沉默的那一把尖刀——促使客户做出决定的方法。

要想把"准夫妻"前面的"准"字去掉，以下的方法可以参考。这是我个人的总结，大家可以根据具体情况，选择应用。

A. 达摩克利斯刺激法。

操作手法：把一些无关紧要的细节问题和核心争议打包，在前面 80% 的时间内不予解决，然后在剩下的 20% 时间内，将那些细节问题按照有利于客户的原则逐步解决掉，而死守核心争议的底线。在最后的这一个时间段内，让客户看到己方的努力和让步，进而压迫客户方在核心争议上做出让步。

在销售圈内，人们经常提到一个“80/20 原则”，但大多是将焦点集中在抓住 20% 的重点客户上，而忽略了一个更重要的规律——很多问题都是在最后 20% 的时间内得到解决的。

具体来说，如果客户和销售方已经接触了很久，都有合作的意愿，但在一些问题上始终不能达成一致，而客户方采购的最后期限又快要到了，那么销售员就可以在这个时间期限上做文章。

举个很简单的例子。一个人租了一块市场位置并不是很优越的商铺做生意，租期是两年。在这两年里，全国的房价水平都有一定程度的上涨，但商铺所在的位置因为历史的原因，治安不太好，整个区域的房价都没有出现明显的大幅上涨。不过房东看见其他地方的房价噌噌地往上升，眼红了。就在商铺到期前的两个月通知商户，如果到期后还要续租的话，租金得上涨 20%。

那么这两个月的时间就是悬在房东和商户头上的达摩克利斯之剑，双方都会感觉到一股压力。

对房东而言，如果到期后，商户不愿意加租，选择离开，那么自己就要独自面对两重压力，一是来自于不好的区域环境，它们无形中加大了招租的难度；二是商铺闲置一天，就意味着不仅没有收入，还必须每天投入资金予以维护。

对商户而言，如果不愿意加租，那么他要面临的困境也不小：一是寻找新商铺的时间成本和初期装修成本；二是歇业期间的损失。

这个时候，商户就可以运用上面提到的方法来达到自身利益最优化的结果，房东上涨 20% 租金的主张无疑是商户的核心争议。并且根据这个地区的治安环境，可以预测房东的招租成本较高。那么他就可以先把涨租的事情搁置在一边，而对本地高昂的物业管理费、店铺安全开支等问题向房东发难。然后密切注意房东招租的真实情况，一直把这些问题和房租捆绑，拖到最后的 10

天左右，才一步步放开物管等问题的纠缠，进而促使房东认清现实，在房租问题上做出让步。

这种方法一般应用于有最后截止日期的交易当中，而且销售方要保证自己占有一定的优势，否则不宜使用。

B. 搁置争议刺激法。

操作手法：不管客户提出什么样的挑剔意见，销售员都以坚定的语气回答道：这和你购买这款产品有矛盾吗？

当客户已经有足够的购买意愿，但总是在一些无足轻重的细节问题上执迷时，可以运用这种方法。比如，客户看中了一台液晶电视，但对自己做出的决定还很惶恐，他会一会儿说前面板的颜色再深一点就更好了，一会儿又说自己喜欢白色而不是黑色的数据连接线。但销售员要做的只是强调这台电视很适合他就行了，不需要对他的问题做出具体解释。因为，客户其实已经在心里做出了决定，说这些意见只是为了让销售员帮助他缓解做出决定后的暂时性焦虑。

C. 提醒客户正在犯一个大多数人都在犯的错误。

这个方法很好理解，也是人们生活中较为常用的。例如，之前已经来过楼盘多次的一位先生迟迟不能下定金，通过观察和交流，发现主要原因就是对该楼盘的升值潜力没有绝对的信心。此时销售员多半就会给客户讲一个诸如此类的故事：他朋友以前在本地区另外一个楼盘做销售，当时一位客户做决定时也是满心惶恐，下定决心时面色潮红，呼吸加速，把我那位卖房的朋友都吓得够呛。而现在你再去问他的话，他一定会斩钉截铁地告诉你：签！因为他的房产两年内升值了50%。销售员的潜台词很明显：你正在犯一个不必要的错误。前车之鉴已经摆在面前，还有什么可犹豫的呢？

这种方法因为在日常生活中运用得很多，所以客户对此的免疫力也比较高，因此在操作时一定要注意以下两点：所举的例子一定要有丰满的细节和具体可感的表现形式。还是拿卖房子来说吧，如果要用这种方法促使客户下定决心，那么所举的例子一定要在所推销楼盘方圆两公里内真实存在，这样做既能增强表达的自信，同时还能方便地将客户引到案例楼盘区域，让他直观地感受到房价的变化。

D. 直接帮助客户做出决定。

操作手法：直接在合同上签下自己的名字，然后将其推到客户面前，直截了当地告诉他应该在哪些地方签上自己的名字。

这是一种有些冒险，但效果也很直接的手段。我讲一个例子，以方便大家更好地理解这种方法的使用原则。

应该是十几年前，当时很多国有企业改制重组，准备登陆股市，因为很多历史的原因，企业会向自己的员工提供认购原始股的权证。当时我女朋友的父母就正好得到一个这样的机会，我了解他们所在的企业，登陆股市后政府还会将一些优质资产打包注入，股价一定会维持很长一段时间的坚挺。并且最重要的是原始股价格很低，每股还不足 8 毛钱，即便出现很意外的极端情况，认购一万股最多也就损失 8000 元。但我的准“岳父母”都是典型的老工人阶级，迟迟不能决定买还是不买，那天我找了个机会，用很坚定的语气告诉他们直接在认购表上填入 10000、身份证号、姓名。你能想象吗？他们确实直接就填了。

从这件事情上可以看出，运用这种方法，要满足两个条件：一是你对自己向客户推销的商品和服务有绝对的信心，能够确保客户获得超过其预期的价值；二是客户属于需要别人帮他做决定的类型。这里有两个简单的判断标准：客户掌握信息的程度与对销售员的依赖度成反比关系；越不自信的人越期待别人帮他做决定。

一定要注意，只有当且仅当这两者同时成立的时候，才能运用这个方法。

E. 沉默刺激法。

操作方法：给客户一个有说服力的解决方案，然后……没有然后了，保持沉默就好。

例如，销售员和一家设备商的谈判进入了僵局，双方都在观望。销售员的公开报价是 180 万元，这笔交易的盈亏点是在 145 万元。为了打开局面，销售员将报价调整为 160 万元，那么接下来他要做的就是沉默，不管客户方有什么反应，都先把他晾在一边。这一点是操作的关键，如果调整报价后积极地寻求对方的反馈，那么就将完全丧失交易的主动权。当销售员表现得足够沉默和无动于衷时，客户才能感受到一种隐隐约约“断线”的刺激，他并不想放弃这次交易，越是沉默，越能激起他的紧迫感，进而调整自己能够接受的尺度。

F. 以退为进刺激法。

操作方法：先向对方做出巨大让步，刺激客户做出决定，然后通过其他途径增加利润点。

这种方法在汽车销售领域是应用最广的，在大家的印象中，汽车销售员的收入来源主要是汽车销售提成，而事实上并非如此。一辆 20 万元左右的轿车，4S 店能赚的钱大概也就是 1 ~ 2 万元。而最后到销售员手上的提成也就是 2000 元左右。而且这其中有一个很值得关注的点——通常 4S 店会对每一辆车设置一个最低限价，销售员的提成就是来自于最低限价和实际卖出价之间的差额，比例一般在 20% 左右，但汽车的配件和衍生产品（如保险、饰品、售后服务）的提成比例则大多都会高于 20% 。

因此，有经验的销售员在客户犹豫的时候，会在裸车上大幅降价，然后在汽车相关产品上大赚一笔，这个策略很高明。因为让客户下定决心买车和买车之后采购配件的难度压根儿就不在一个层次上，客户做出主要购买决定后，会有一种证明自己正确的强烈渴望，因此，他会大大方方地接受配件的价格，否则，自己心里都会过不去！

6
Chapter

把握销售定律，帮你拓展更广的市场

谁接受纯粹的经验并且按照它去行动，谁就有足够的真理。

——歌德

作为销售人，我们每天都生活在一个不确定的世界里。地球上任何角落发生的变化都可能影响一个销售员的工作。

我们不可能预知乔布斯会在2011年的10月5日去世，但他的离开却会直接影响到各地经销商的采购计划，对每一位电子产品的销售员都是一个全新的考验。

我们不可能预知四川会在2008年5月12日发生大地震，但它的直接后果却极有可能是你的客户网络全部归零。

我们不可能预知在亚冠首轮5∶1血洗全北现代的广州恒大会遭遇两连败。但作为销售员，我们知道基于第一场比赛结果的广告赞助报价方案不得不做出调整。

这样的情况还有很多很多，每一件都不在我们的操控范围之内，带来新的机遇或者挑战。

我不奢求有什么一劳永逸的方法可以一次性地解决这个问题，那不现实！但铁打的营盘流水的兵，一代又一代的销售前辈确实留给了我们一笔珍贵的馈赠——经验。不管世界怎么变，这些经过大浪淘沙的经验在今天依然熠熠生辉。要想提高自己销售人脉圈的稳固性和自我修复能力，这无疑是一个很好的选择。

在这一章，让我们共同走进前辈们构筑的销售经验世界，一起感受经验转化为定律的神奇和伟大，吸收前辈们的福泽。

哈默定律：天下没有什么坏买卖，只有蹩脚的买卖人

世界上没有坏生意，只有蹩脚的买卖人，这就是哈默定律，短短的十六个字，却浓缩了这位“世界公民”整整92年的销售精华。

要真正理解这条定律的含义，还得把视角转到哈默的人生经历上来。否则，这句话就和醉汉嘴里经常念叨的“我能行，没什么事情是我干不了的”一样——无耻和自欺欺人。下面就让我们走进哈默的人生，看看他是如何出神入化地诠释销售的可能性和边界，和这些过程能给我们带来什么样的启发。

阿曼德·哈默，一个犹太人，一个美国共产党主要创始人的儿子，一个在社会主义国家赚到亿万财富的商人，一个在资本主义国家呼风唤雨的资本家，一个和不同意识形态国家的首脑都有不错私交的国际和平人士，总之，他是一个把销售从成功推向伟大的传奇人士。

1914年，16岁的哈默通过借来的钱买下了一辆二手车，抓住圣诞节期间运力紧张的机会窗口，和糖果公司签订了运输协议，仅仅用了两周时间，他成了有车族的一员。

1919年，还在上大学的哈默通过对药品包装和交货方式的改革，让深陷泥潭的家族制药厂重新焕发了生机。

1921年，年轻气盛的哈默来到当时千疮百孔的俄国，用买下的医院和药品物资赢得了当局的好感，进而促成了用俄国丰富的矿产品和美国大丰收的粮食进行贸易的协定。并且在列宁的支持下，他成为第一个获得社会主义俄国矿山开采权的外国人。

1924年，依托俄国丰富的木材资源，推广全民教育的国家政策，高薪和

自由平等的工作环境，哈默在莫斯科建造了当时世界上最大的铅笔加工厂。

1931 年，回到美国的哈默对大选局势进行了预测，认为众望所归，具有开拓精神的罗斯福将会赢得大选，而其上台后，必然会废止保守气息浓厚而又和百姓生活息息相关的禁酒令，以提振受经济大萧条严重影响的国民情绪，于是提前开办了现代化的酒桶加工厂。后来的事实果然印证了他的判断，酒桶大卖，他也顺势进入了酒类生产行业，以平民品牌丹特威士忌酒横扫竞争对手，大获成功。随后，又以酒类生产的副产品作为原料，采用天价购买种牛以确保品质的方式杀入种牛业，同样取得巨大收益。

1957 年，功成名就、已近花甲的哈默以游戏的姿态借给了一家在破产边缘挣扎的石油公司 5 万美元，为他们提供最后一次翻身的可能，再打两口油井，如果出油，利润平分，而假如失败，就当打水漂了。而“好运”再次降临到这位冒险家的身上——出油了。考虑到当时全球范围内的资源短缺现状，哈默收购了这家名为西方石油公司的企业，大举投资，聘请最优秀的技术人才在美国本土、利比亚等地寻找油源。并且以石油开采为切入点，一步步把触角伸向煤炭、化工、塑料、肥料等衍生产业链。这里特别值得一提的是，这位传奇的“红色资本家”在中国也留下了不可磨灭的印记。1979 年，他应邓小平之邀，率先踏上改革春风初露的华夏大地，考察投资环境。1982 年携带其精心挑选的艺术品在中国展出；同年，和中国签订合作开发山西平朔露天煤矿的初步协议，1986 年项目正式动工，超千万吨级的开采量让这个项目成为中外合作的典范。后来，哈默的公司又成为第一家取得中国近海石油勘探权的美国公司，交往日益深化。

截至 1990 年哈默先生因病逝世，其所领导的西部石油公司已然成为跨行业、跨地区的超级企业集团。

纵观哈默的一生，我们才能真正明白什么叫作世界上没有难做的生意，也才能理解什么叫作好的买卖人，什么才是成交的本质。

长期以来，人们说到伟大的销售员，马上就会联想到把车卖得让人叹为观止的吉拉德，靠演讲疯狂吸金的成安之、徐鹤宁。我不否认，他们是极为成功的推销员，但还远远称不上伟大，伟大这个词只能赋予那些已经超越小我进入另一种境界的企业家，哈默就是其中之一。成功和伟大之间的差别就如同小乘与大乘佛教之间的关系，前者解脱自我即已功德圆满，而后者则苦苦追寻一种群体性的共同超越。

天下熙熙，皆为利来；天下攘攘，皆为利往。是的，哈默的人生起步从来没有脱离过“利”，但又从来不只是着眼于“利”。

16 岁的年纪，他成功地把一个虚拟的远景销售给了他的表哥，让其相信借钱给小表弟是一件完全没有风险的交易，从而把一个无从谈起的死局做活了。

不要以为这像一个编造的传奇故事，只要仔细观察，它就在你我身边，现在很多企业所做的唯一业务就是找到一个切入点，让原本的一潭死水动起来，只要动起来，一切皆有可能。那些手里捏着大把人民币的投资机构不正是在做这件事吗？他们就像哈默的表哥一样——有闲置的资金。而二手车商有急需售出的商品，糖果供应商和销售商之间有运输压力。他们本来是相互独立的三个元素，但一无所有的哈默发现了其中的连接点，一切都改变了。他的加入一举解决了四个问题：表哥的闲钱有了一个新的释放途径，二手车商卖出了一部车，糖果商解决了特殊时期的运输问题，哈默拥有了一辆完全属于自己的车。一个完美的多赢结果自然地浮出了水面。

看到这些，你还会为自己的一无所有暗自嗟叹吗？

从这里我们可以得出哈默定律带给我们的第一个销售启示：

要想天下没有难做的生意，首先要相信世界上不存在一无所有的销售员。天下的资源都摆在你的面前，你需要做的是找到一个连接他们的支点，然后从中划走一块“蛋糕”。

哈默买车是如此，作为美国供应商的代表和俄国进行易货贸易是如此，1989 年用我国 800 车皮轻工产品换回苏联 4 架飞机的交易也是如此。

我们继续分析，年轻的哈默为了完成父亲帮助俄国的遗愿，来到了民生凋敝的俄国，凭借易货贸易赢得了最高领袖列宁的支持。实事求是地说，那时的俄国动荡飘零，第一次世界大战的伤痛，与周边国家的意识形态冲突，国内各方利益的激烈碰撞，这些因素时时刻刻都有可能造成一场毁灭性的灾难。以外国商人身份周旋其中的哈默无疑冒着极大的风险，获得领袖支持也只能是一定程度上的降低风险。并且政治家选择庇护你，看中的是你能为他们解决什么性质的实际问题。哈默选择投资开设规模巨大的铅笔厂就是一个很明智的选择——政治上正确（国家将要大规模推进全民教育），经济上可行（原料充沛，市场广阔）。通过努力，他硬是在混乱的局势中站稳了脚跟，非常难得地做到了各方利益的平衡。

从铅笔厂的建设可以得出哈默定律的第二个销售启示：

越是复杂的交易背景，就越需要将事情简单化的思维。

我想要买一套房子，可以将事情考虑得稍微复杂一些，户型、采光、升值潜力、政策环境、契税标准、付款方式、物业水平等等都是需要仔细研究的对象，因为对这种事情考量的越多，我就能占据更大的议价优势。但这一切的前提是它们都在我的能力分析范围之内，公开而便捷的信息渠道能让我做出尽可能准确的判断。

但如果是将背景上升到苏联和美国，问题就大不一样了。影响两国关系的要素何止千万，而且即便明确了每一项要素数据，谁又能想象这千百万种要素能组合成多少种庞大的可能性。到2012年1月，世界上最先进的计算机已经达到每秒万万亿次的运算效率，但如果你把它弄到90年前，让其计算1942年时的美苏关系，它得出的结果一定让人大跌眼镜。因为它不可能预测苏联会在世界各地点燃社会主义的烽火，也不可能预测出美国会发生经济大萧条，更不会预知到第二次世界大战的爆发。当然也就不能得出1942年，美苏领导人坐在一起合作抗击法西斯的事情了。

因此，在运作大的销售项目时，一定要尽量将心态放平，把复杂的环境简化成直接的目标。既然国家现在有一项扶持政策，而自己也恰好有足够资源，那么就要勇敢地选择做而非日复一日地调研、考察。也许当你看完几十斤重的报告决定不做的时候，别人已经把自己的主张换成了商品，销售到千万家庭的生活之中了。

而哈默一再进行的产业链延伸战略则为我们带来了哈默定律的第三个启示：

为客户创造未来的价值，你将收获更多。

怎样才能发现客户未来的价值？哈默提供了一个很好的范本：未来价值总是建立在对现实情境的敏感之上。这一点说白了，就是发现商机的能力。

很多人观看中央电视台的《新闻联播》只是在了解“新闻”，但早在十几年前，一位农民企业家根据《新闻联播》中一则不足 25 秒的快讯，迅速采购了数百万元的钢材，两周后出手时，市场价格提高了 50%。

作为一个伟大的销售员，应该有比别人看得更远的眼光，而要做到这一点，首先应把自己抽离出事实本身。总统选举不只是总统选举，更是一场利益格局的重新洗牌；《新闻联播》也不只是一个重要的新闻节目，而是商机和政策环境的高地。

从酒桶厂到酒厂再到种牛场，从石油公司到煤矿再到金属化工，一系列的动作都说明了哈默在眼光和格局上的独到之处。有连接又相互独立，每一个领域又都有开发新商机的可能。哈默所做的就是敏锐地观察这个世界，随时随地准备把这种可能转化为真金白银。客户也急切地渴望有一个销售员能够像哈默所做的一样，他们并不关心销售员能从他们的口袋中拿走多少钱，而只关心你能为他们赚多少钱。

其实说了这么多，我想读者或许有一个疑惑，这些启示好像更多的是针对企业家而言，对销售员好像没有什么直接的帮助。如果你现在的思路还停留在这个阶段，那么恭喜你看到这里。

一个伟大销售员的最终归宿必然在于成为企业家。他们依然是在销售，但已经脱离了具体商品的范畴，走向卖“主张”的境界。两个成功的销售员聚在一起，可能会交流一些客户资源和谈判技巧。而两个伟大的销售员则会聊出一个甚至几个可能引领未来潮流的项目，并且会马上进入实际操作流程。这就是卖商品和卖主张的区别。

既然是卖主张，那么哈默的人生经历还为我们提供了两条启示：

成功交易的背后是无数次前途未知的尝试。

哈默热衷于收藏艺术品，也渴望从中获利，但他并不清楚什么时间点以什么价位入手比较合适，但他还是做了。投资石油公司，也是一次前途未卜的试探，他也做了。一个伟大的销售员总是在尝试的征途上狂奔，因为上帝不会平白无故地眷顾某一个人，好买卖总是给愿意承担风险的人准备的。

伟大的推销员会把交易额看成一个纯粹的数字，在尊重的同时漠视它。

哈默一生的财富难以计数，在多个行业都有堪称惊艳的表现。这是人们津津乐道的谈资，但他还做了很多不太惊艳的事，比如建立癌症研究基金、支持全球人权事业、以民间身份沟通国际有无、调解争端等，做这些事情都是需要大笔投入的，但却不见得有什么收益。而哈默热情地做了，成了一名享誉全球的世界公民。

因此，一个伟大的销售员首先要有一个伟大的心态，只有超越了对销售既定利益的执着，你的气度才能驾驭不同类型的交易，徐鹤宁等人会通过展露自己的物质财富来吸引更多客户，提升在演讲行业的知名度，而哈默却早已超越，乘桴浮于海，随心所欲地和任何人做任何交易。层次高下，可见一斑。

好了，这一节的内容有些散乱，因为这条定律所包含的内容太过丰富，有限的篇幅更不足以完全展开，我只能尽最大的努力将其中精华为大家总结一下：

启示一：能做成任何买卖的销售人一定是一个孤立价值的连接者。

启示二：能做成任何买卖的销售人一定是一个善于做减法的勇敢者。

启示三：能做成任何买卖的销售人一定是一个未来价值的敏锐观察者。

启示四：能做成任何买卖的销售人一定是一个敢于尝试的开拓者。

启示五：能做成任何买卖的销售人一定是一个具有世界形态的公民。

那么，你如果要成为随心所欲的伟大销售员，就努力成为启示中的人就好，我正在努力，你呢？

免费午餐定律：让对方产生“负债感”

前面我提到过用礼物去维护你的销售关系。其实如果站在理论高度，我们可以多多少少地把它归为“免费午餐定律”当中。

所谓“免费午餐定律”在西方营销教科书上的解释为：将产品免费赠送给潜在消费者，供其使用或者尝试，进而暗中培养出依赖性的消费心智模型，并诱导消费者购买的一种促销方式。

说实话，这个定义说得很绕，如果把它转换成中国话，就好理解多了——吃人的嘴软，拿人的手短加上来而不往非礼也。

每天下班，我都会在路过小区农贸市场的时候顺便转转，买点儿菜。也许是出于工作压力比较大的原因，这几年来我形成了一个很固执的买菜原则——只关心菜品的质量和是否缺斤短两，而对商贩的态度和性格一律屏蔽。在工作的时候已经面对了很多讨厌的虚情假意，我不想在私人时间里还要花心思去琢磨跟我打交道的是一个什么样的人，那样做太累了。出于同样的原因，我也从不讲价，大家赚的都是几个辛苦钱，没有必要相互为难。选菜，称重，给钱，我不会让整个交易过程超过两分钟。也正因为如此，在这个菜市场断断续续地消费了 3 年，但在我和商贩的眼里，双方都只是一个陌生人。不过，这一切都在半年前被一个叫老王的人改变了。

第一次，偶然转到了他的摊档前，看菜品还可以，买了。临走之时，他没说什么话，直接送了我几棵葱。我也没怎么在意，毕竟送葱这事儿太过常见。

第二次，还是出于偶然，在他的摊档买东西。不过这次，他送了我一头蒜。

第三次，“可能”是出于偶然（因为我自己也不知道是有意还是无意地就走到了他的面前），买了他的菜，这次又送了我一头蒜。

第四次，送了一头蒜。

第五次，送了一块姜。

第六次，第七次……

当我第十次来到他的摊档前，我最终确认了这不再是偶然。因为一走进菜市场，自然就会下意识地向老王的方向望一眼，如果他在那儿，我确实想不出有什么理由不买他的菜。虽然每次送的东西总是葱姜蒜中的一种，但我明白，他已经成了我的“债主”，而且我还心甘情愿地认可了这笔债务。

这就是免费午餐的神奇之处，在不知不觉中影响消费判断，我相信太多人都有过类似的经历。如果我再回过头来，仔细观察一下身边的事物，就会发现免费策略的运用已经渗透到了生活的方方面面。典型的例子如在各家运营商那儿都得到广泛推广的存话费送手机活动、银行和学校合作、在邮寄大学录取通知书的时候免费赠送一张银行卡，等等。

那么销售方为什么会如此热衷于运用免费策略呢？

很明显，最直接的原因就是通过这种方式能够以较低成本完成交易目标。而之所以它能达到低成本和高效率的平衡，我认为原因主要在于两个方面：

第一方面是作为社会人的向善本能。

我无意于在本书中探讨性本善还是性本恶的问题，这里只是强调世界范围内的一个文化共通点：对于别人表达的善意，你必须同样报以善意的回应，如果不这样的话，那就是典型的不礼貌行为，其普适性和人类相信爱情一样宽广。

而现在的关键问题就是什么是善意的表达？

比如，一个夏令营的销售代表向一位有表达障碍孩子的母亲建议，只需要花两万元参加夏令营的交际拓展训练，孩子的表达能力自然会得到一个明显的改观。这算不算善意的表达呢？销售员也许会认为这算，因为他确实认为培训能够让孩子摆脱当下的困境，走向更加美好的未来。而那位母亲很有可能不会这样认为，虽然她明白自己孩子的问题所在，也对培训项目的作用有一定的期待，但在此时，其关注的焦点无疑是在销售员关于两万元培训费的表述上。在她看来，这绝对不是一个善意的信号。

最纯粹的善意表达莫过于用无私来形容，而体现无私的最佳形式只有免费。所以，要想这位母亲感受到销售员的善意，这样的表达也许效果更佳：我们会举办一个为期两个月的交际拓展夏令营，将会为孩子提供两周的免费试训机会，您如果有兴趣的话，可以带孩子过来看看。我相信没有几位妈妈会拒绝这项提议，只要在试训的这两周，孩子有一些可喜的小变化，家长也会用缴费参加剩下6周培训的方式来回应销售员的善意，即便6周的价格也是两万元。

第二方面是人类对免费有一种本能的渴望，换句话说就是人类骨子里期待着不劳而获。

你可能会对那些沉迷于博彩的人嗤之以鼻，认为他们是一群好逸恶劳的社会蛀虫。但如果你在公司年会上抽中一台3D大屏液晶电视的时候，你也会乐不可支，即便你家中已经有电视了。在心理上难以接受的原因只是一种理性和文化对潜意识欲望的一种压制。所以这也就不难解释为什么运营商愿意在每年新生入学时免费赠送话费卡的行为了。也许他在这个地区的服务水平比不上另外的一家，但是面对免费的诱惑，学生们舍得扔了它吗？这个时候扔的就不是一张卡了，而是自己的50元钱，虽然他本来就不是劳动所得，但谁会无缘无故地扔钱玩呢？

从以上的分析中我们也可以看出，其实免费策略在具体的销售过程中也分为两种主要的模式。一是纯粹的免费，着力点在于维持和客户的私人情感关系；二是技巧性的免费，强调对客户的消费诱导。下面我就用一张表格来分别说明它们的类型和操作要领。

模式	判断标准	具体类型	操作要领
纯粹免费	不附加任何外在条件，仅仅着眼于加深和客户之间的感情联系，如老王给我送葱姜蒜就是一个典型的例子。	单一的赠送方式	1. 要保持对客户免费攻势的持续性，不要妄想通过一两次的免费就能获得自己想要的东西。 2. 给予客户的免费商品和服务不需要价格上的夺目，但一定要找准客户的兴趣点。比如客户有收集钢笔的爱好，那么在生活中就多留一个心眼儿，遇上了，就买下，但也不强求。 3. 至少在自己内心里不要抱有太多的功利性想法，要自觉地把频率调到和朋友相处的模式上来。
技巧性免费	免费商品或者服务的背后一定还有其他的附加或者隐藏条件。如送手机的前提是你必须存话费，且选择他的服务方式。	利用衍生产品获利	1. 说明：这种方法的应用十分广泛，例如，当年的柯达把相机卖到了白菜价甚至完全免费，然后通过出售胶卷和提供后期服务大举盈利。 2. 首先要确保衍生品的销售足以支撑免费商品的投入。 3. 保持免费商品和衍生品高度的契合性。比如说，柯达公司送出去的相机，富士公司的胶卷是不能运作的，也就是说不能干为他人做嫁衣的蠢事儿。 4. 构建衍生品和消费者之间的高效的连接渠道。这一点格外重要，在发给全体学生话费卡的同时，运营商应该确保校园中至少有一个营业厅方便客户缴费和办理其他业务。如果充一次话费都得赶公交的话，客户拿到手里的免费商品就是一块垃圾塑料片。

续表

模式	判断标准	具体类型	操作要领
技巧性免费	免费商品或者服务的背后一定还有其他的附加或者隐藏条件。例如送手机的前提是你必须存话费，且选择他的服务方式。	打破客户心理平衡法	1. 说明：先是免费赠送产品系列中的一件给客户，然后让这件产品打破原有的组合，制造一种不和谐感，进而刺激客户做出整体调整。例如，一家大型红木家具商，邀请了一批高端客户参观产品，然后赠与每位嘉宾一个制作精美的套件，包括一个茶几和一把椅子。客户带回家后，会逐渐意识到这和原来的家居风格十分不搭调，如果这个套件足够吸引他的话，一张大单也就产生了。 2. 确保赠送商品具有以下两个特点：足够精美和足够常见，前者是为了确保对客户的直接冲击力，以避免没把别人弄走反倒先折了自己的尴尬情况出现。后者是为了不断地提醒客户他所处的环境有问题，需要改变。 3. 与客户保持持续的沟通状态，可以采取定期回访的方式。
		同情法	1. 说明：本方法利用了一个接受心理学上的观点——人们在接受别人恩惠后换位意识将得到很大的提高。例如，一个大学生带着班上的班费到体育商店去买体育器材，销售员热情地跑前跑后，搬哑铃，在仓库里找一些特殊型号的护腕等，而最后学生还是发现有些器材不太合适。但他出于对销售员免费热情服务的同情，虽然没有在这里全部采购，也会采购一部分作为同情和支持。 2. 在操作的时候一定要呈现出两方面的状态：第一在于即便是免费的服务，你也能做到保质保量；第二在于让客户明白你的处境并不轻松，一直都有销售压力悬在头上。

续表

模式	判断标准	具体类型	操作要领
技巧性免费	免费商品或者服务的背后一定还有其他的附加或者隐藏条件。例如送手机的前提是你必须存话费，且选择他的服务方式。	诱导法	1. 说明：这个方法在零售领域运用比较多。通常是运用超低价或者免费商品将客户引进一堆商品集合中。诱导其对其他商品做出购买行为。这也是很多大型商超将结构设计得很繁复的原因，它们会让顾客接触到尽可能多的商品，并买走它。 2. 慎重选择作为“诱饵”的商品，判断标准为质量过关且能吸引大量的人流（这对后期的销售促进有重要作用）。 3. 合理布置“诱饵”商品的位置，让它的周边产品也以惊喜价的姿态环绕在周围。 4. 制造现场的火爆热销场景。

奥纳西斯定律：把生意做在对手的前面

20 世纪 30 年代，一场史无前例的经济危机在欧美各国大规模集中爆发，经济一片惨淡，大量企业倒闭，工人失业，还未倒下的企业则纷纷收缩战线，削减支出，以求储备足够的粮食熬过这次经济寒冬。

当时，美国的一家铁路运营商为求自保，不得不砍掉已经入不敷出的海运部门，将 6 艘原价 200 万美元的货船以 1/10 的价格出售。即便如此，受经济危机直接冲击严重的航运大佬们也不敢接手，那时的经济环境确实太差，如果买下这批货船，不仅不能为企业带来直接的效益，反而会背上沉重的维护和运营负担，而这很可能就是压垮他们的最后一根稻草。

但年轻的希腊运输商奥纳西斯却在这个非常时期做出了一个非常举动。本来家底并不雄厚的他接手了这 6 艘货船，引起业界一片哗然。但奥纳西斯不为所动，咬紧牙关拿下了这桩交易。

之后，随着经济形势的转好，各国之间的海上货运量迅猛增长。其他航运大佬们则由于过度收缩，在经济大幅回暖的时候措手不及，因而留出了大片的市场空间。此时，囤积大量运力的奥纳西斯抓住机会，大肆扩张。经此一役，之前完全不受人重视的奥纳西斯一跃成为国际航运界的重要角色。

后来，销售界的前辈们根据这段史实，从中提炼出了一个销售方法——把生意做在竞争对手的前面，是为奥纳西斯定律。

这是一条对打开销售思路很有启发的一条定律，它让销售员完全摆脱了和竞争对手在正面战场上硬碰硬的惨烈，而通过提前布局或者精确打击的方式直接将对手狙杀，是一种性价比非常高的销售武器。

不过，要想用好奥纳西斯定律并不是一件容易的事儿。竞争对手是大活人，客户也是大活人，他们不会平白无故地让销售员安排自己下一步该往哪儿走，走几步。这需要打通其中的一些关节和出其不意的制胜招数。

就拿奥纳西斯的例子来说吧，他之所以能够迅速崛起，是因为他在大萧条时期冒着极大风险低价购进了一大批货轮。而他之所以敢冒巨大风险买下这批货轮则至少要具备多项因素，而每一项因素又都不能缺少条件的支撑。把整个过程联系起来会形成一个如下图所示的“金字塔”。

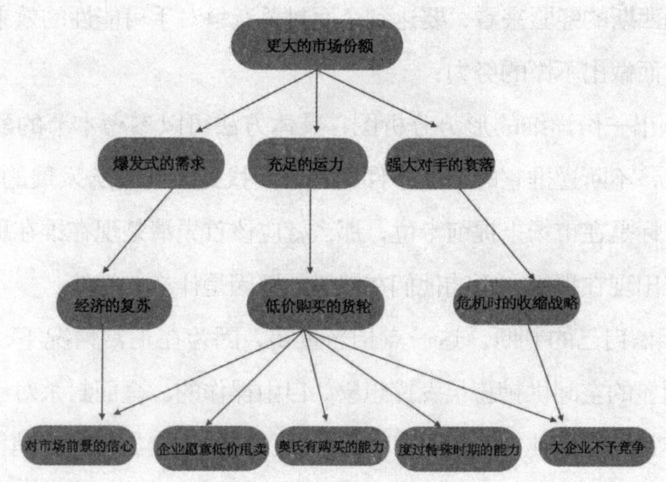

如果其中的任何一个元素出现纰漏，那么最高层的目标——占有更高的市场份额——就只是一句空话，例如，奥纳西斯如果和其他的航运大佬一样，认为市场复苏遥遥无期，那么这笔交易无法达成，而假如有某一个大运输商也看准了未来市场的爆发潜力，与奥纳西斯竞争收购这批货轮，那么家底较薄的希腊人也只能是望船兴叹。再假设，奥纳西斯收购的成本是20万美元，他预测，1932年将迎来航运业的转折点，而这个时间点和购买日期之间有一年半的差距，那么他就必须详细计算现有的流动资金，以及未来一年半的收入情况、货轮的维护成本、国家通货膨胀情况等。总之，奥纳西斯必须算出一个大致的金额，确保自己如果买了这批货轮，还能支撑到一年半后的转机时期，如果计算出的金额远远超出了自己的承受范围，那么这笔交易也只是一个想法而已。

从分析中可以看出，要想把生意做在对手前面，销售员要做很多必不可少的功课。下面我将具体谈谈这些功课方面的内容。

要想不战而屈人之兵，销售圈中常用的方法有两种。

第一种就是上文中奥纳西斯所采用的——**利用人们的思维定势，逆势出击，逐步布局**。最后达到一种全面封杀竞争对手可能性的效果，用一句通俗的话说就是放长线钓大鱼。

从奥纳西斯的经验来看，要达到全面封杀竞争对手可能性的效果，需要在以下几个方面做出不懈的努力：

（1）画出一份详细的形势分析图，具体方法可以参考本节的配图。从核心目标出发，不断逆推它的形成条件，并进而找到影响局势发展的核心要素。比如你的目标是在市场上提前卡位，那么就应该首先清楚现在谁在那里，谁在将来有可能出现在那里，影响他们在那里的原因是什么，等等。

（2）相信自己的判断。这一点相当重要，因为在正常情况下，竞争对手不会留下明显的空间供销售员发挥想象、自由操作的。全面封杀对手，就意味着只能在非常时期以非常举动杀出一条血路。狭路相逢勇者胜，销售员只要觉得得到的消息足够支撑自己的判断，那么一定不要犹豫，在资讯爆炸年代，你看到这些信息并不代表对手们就没有看到这些信息，成败的关键就是看谁有勇气把这种信息转化成行动。

（3）随时了解竞争对手的情况。说实话，竞争对手其实是一个打磨自己的磨刀石。从和他们的对比中，既可以找到自己的缺点，也能找到他们的缺点。当竞争对手在你的面前毫无保留地“全裸”时，一切问题都不再是问题。因为没有完美的卖方，其实竞争的实质从某种角度讲也就是遮羞布的大比拼——谁能把自己捂得更紧或者把别人揭得更多。获取竞争对手信息的渠道有行业论坛、老客户资源、客户部门工作人员等，他们都是很好的突破口。

第二种不战而屈人之兵的方法是**狙杀战术**。主要方法是通过前期和客户的深度沟通，以自身企业为参考，介入客户采购流程中去，精确狙击竞争对手。

我还是举个例子来说明。

一家公司要集中采购一批办公电脑，一个销售员通过了解，确定是行政部的主管对采购负总责，一位技术部的高级工程师负责技术把关。那么他就会把主要工作重心放在这位高级工程师身上，不断让他加深对本产品的好感（当然，还要加上必要的公关手段），进而让他在起草电脑性能和配置参数上向己方倾斜。

假如有三个竞争对手与你一起参与本次采购的角逐，四家企业的产品各有千秋，甲公司技术实力最强，乙公司资金最为雄厚，丙公司有一定价格优势。那么攻下工程师的销售方会用自己的长处和短处做比较，并把这种比较体现在投标要求上。比如，和甲公司相比，公司的注册资金为1500万元，比对方多了300万元，而和乙公司相比，电脑的质量要轻0.2公斤，为2.4公斤。最后出来的要求很可能就是：为了确保供应商的实力，要求本次竞购供应商的注册资金不低于1400万元。为了照顾公司员工经常出差的现实需求，规定竞购供应商的笔记本电脑重量应低于2.5公斤。就这样，销售员直接狙杀了两家实力强劲的对手，留下一家陪练，这时候你再适当调整供应价格，就可以轻松中标。

这种狙杀战术效率很高，但难度也不小，以下几个方面是运作的关键，我在这里为大家提供一个参考。

（1）对竞争对手的锋芒进行精确定位。销售员不仅要确保对方的产品序列中绝对没有低于2.5公斤的电脑类型，还必须确保他不具备定制生产的能力，否则在标准问题上被人来一个“马后炮”，结果可能相当糟糕。因为就像狙击手一样，一旦一击未中，如果不迅速转移的话，死亡风险会非常高。

（2）拿下标准制定者。企业中的标准制定者通常为技术型人士，他们对于最新技术和各种论坛研讨会有浓厚的兴趣，可以从这些方面入手，逐渐接近磨合双方之间的关系，同时配合一些必备的公关手段，在保证质量的情况下，和他们建立良好而深入的关系并不是一件麻烦事，并且这种事不涉及任何可能直接影响其事业的因素，安全性很高。

（3）注意客户内部的关系网络。并不是搞定一个标准起草者就能万事大吉了。制定标准只能说明他们的技术背景，但并不能说明他们在企业内部的真实处境。因此，在拿下标准制定者的同时，要同时争取到至少一位有充分话语权的人士支持，否则，你会惊讶地发现，最后的结果会让你后悔不已。很有可能你在搞定工程师的时候，别人已经搞定工程师的领导，他一个命令就能让标准再次发生改变。

总之，不管是哪一种方法，要想占据绝对的先机，都要考虑更多的影响因素，承担更大的风险，品味更多的艰辛。还是那句话，上天是公平的，你必须时刻准备着。

沸腾定律：将客户的购买热情99加1度

本条定律来源于一个人所共知的生活常识，在标准大气压下，要想让水沸腾起来，那么就必须满足一个条件——水达到100℃的沸点值，而要达成此目标，最后那一度至关重要。它是实现性质改变的重要节点。

1℃的差异决定了这杯水的属性的天地之别：99℃只能叫热水，而只有达到100℃才能称为开水。这与销售过程何其相似，真正签订合同之前什么都只能被称作浮云，而只有白纸黑字落到实处的时候，销售才能称为交易，也才有他真正的存在价值。

一般而言，如果客户已经被加热到99℃了，那么至少说明销售员的前期工作做得很到位。根据本定律，要让一杯水沸腾有两种方法：

一是让水持续吸收外部热量，达到100℃的沸点，进而沸腾。

二是停止加热，降低烧水容器内的气压值达到沸腾效果。

其实，这两种方法恰好集中地体现了两种销售思路，前者正面强攻，后者釜底抽薪。但目的一致，都是为了最后的成交。下面就让我们一起来看看具体有哪些前辈们的经验可供我们烧开这一锅销售的温水。这一节的内容可能比较多，因为我会把最新的一些销售经验如微博销售等体验和大家一起分享一下。我相信，虽然长是长了点儿，但有价值。

上阕：正面强攻

顾名思义，正面强攻取单的关键点是以各种方式向客户施压，逼迫其接受达到沸腾状态的最后一部分热量。

方法一：利用人们对小道消息的盲从心理，促使客户沸腾。

人们对于小道消息有一种天然的敏感。相信这一点，在和客户的交流中有意识地融入一些这方面的内容，往往能够取得神奇的效果。但一定要注意，要做得巧妙而自然，因为这一招不光销售员能用，客户也能用。我的一个老朋友就吃过这样的亏，他到一家已经经过多次沟通的客户那里进行最后的努力，客户把他安排在会议室里做产品的宣讲，在朋友的下首坐了整整一圈人。宣讲完后，他给出了自己的报价 32 万元，而客户们有时点点头，有时问两个问题，看起来想买又不想买，还私下时不时地相互传着纸条，看完后揉成一团扔进垃圾桶。中途休息，客户们自己出去开小会商量买还是不买，留下朋友一个人在会议室里，无聊之下，他在会议桌的夹缝里发现了两张纸条，一张上面写着 26 万元，一张写着 26. 5 万元。他又仔细回忆了一下客户所坐的位置，发现那张 26. 5 万元条子面前坐的恰好就是公司老总。这下他感觉有些慌神了，如果按这个价格走的话，基本上就没什么利润了。但看他们的态度，如果价格高于这个数，又没什么成交的可能。在这种纠结的心态下，他最后还是以 26 万元把产品给卖了。走出会议室，他才突然意识到，坏了，让人下套了。

所以不管是谁在用这一招，都一定要注意相互之间的默契配合，方能达到预期效果。

方法二：利用自身的信息优势向对方施压。

这个方法的操作要点在于为对方找到一个急于成交的理由并且暗示他你知道这一点。以前的黄牛党经常利用这种思路“搞销售”。如果你是一个没买到车票但又急着要回家的旅客，那么从你和黄牛党接触的那一刻起，就已经把自己的底线完全暴露在他的面前，你会主动说出自己迫切的核心需求——几点到哪里去。而销售方对于旅客而言却是一个极为神秘的存在，他们手里到底有多少张票，他们每张票的利润率是多高，他们是否也存在竞争对手，等等，这些问题都是影响客户方议价能力的重要信息，但旅客一条准确的信息都没有。因此，黄牛党可以大肆利用客户所暴露的急于成交的理由，不断施压，并最终达到获取暴利的目标。

本方法的难点在于找到客户方急于成交的理由，因为很明显，大多数客户不会像旅客一样轻易地说出自己交易的核心诉求——我急着从你这儿拿到一张火车票回家，他们会十分注意隐藏自己。

这个时候就需要充分发挥销售员问问题的技巧了，首先你必须承认自己的无知，这一点儿都不丢脸，任何认为对方的一切都在自己掌握当中的销售员一定会自己吞下自己种的苦果。

其次是没有什么问题是不可以问的。别画地为牢地认为对方有很多敏感区，上一年的收入不能问，他的合作伙伴不能问，他的营销渠道不能问，但哪里有那么多不能问的呢？也许他很想说只是你没有问罢了。我的经验告诉我，只要销售员愿意放开了去问，真正触及到客户的雷区的比例还不到10%，并且想一想问的后果吧，你将收获很多关于客户之间关系的信息，客户企业的发展信息，同行的竞争和布局信息等，而问砸了别人也顶多认为你这个人不怎么会说话，还不太成熟，这又有什么关系呢？我们能为了一棵小树而抛弃整个森林吗？

再次是和客户尽量多地在非办公区域沟通。因为非办公区域更能激发起一个人的谈资，传递出的信息量也更为真实和立体，它能让一个销售员读出很多企业简介上看不到的信息。

最后是从公司的企业微博问起，从企业微博中不仅能够看出企业现阶段的工作重心，还能看出一个企业客户的整体风貌和精神气质。同时还可以通过私信评论等方式间接地问出许多信息（客户对待消费者和销售员的态度是不一样的）。

方法三：随时准备离开。

你是不是可以经常在集市上看到这样的情况：一小贩对顾客说，这双鞋50元，再也不能少了，我进价都45元，忙活这么大半天，赚5元很合适吧，现在到哪儿去找我这么实诚的人。但顾客只是淡淡地说，我觉得这鞋就值25元，并作势欲走。小贩赶忙说，你这砍价也太狠了，这样吧，你是我今天的第一个顾客，我豁出去了，亏钱也得图个好彩头。我再退一步，40元，你拿走吧。顾客还是淡淡地说，我只能出 25 元，并且这次真的往外迈步子了。小贩看他走出两步后，还是把它给叫了回来，大呼：算了算了，25 就 25 ，谁叫我们之间有缘呢，交个朋友！

熟悉吧，那我们再来看另一幅画面：

2011 年 7 月 13 日，在美国国会庄严肃穆的会议厅里，共和党和民主党的政治家们正在对美国的债务上限问题进行激烈的争论，双方谁也说服不了谁。参加会议的总统奥巴马对这种僵持不下的状况相当愤怒，多次起身离席，向会议厅外走去。不过他每次被请回来，大家都会对前面焦灼的问题做出一些让步，虽然很多只是象征性，但毕竟还是有让步不是？

从这两幅画面中我们可以看出，不管是在高高的庙堂进行的政治经济主张销售，还是在街边小巷的针头线脑销售，具有一定话语权的强势一方都可以用随时离开来为自己谋得更多的利益。起身离开与愤怒无关，它代表的是一种无形的施压，每次起身的动作都在降低对方的心理期望，而这自然提高了自身谈判的筹码，因而这种方法就像二锅头，势大力沉，立竿见影。不过在运用上一定要满足两个前提条件：一是自己处于强势一方；二是确保暂时离开后，还能对交易的过程了如指掌。也就是说还要有一个第三者角色，在其中扮演白脸角色。

方法四：用行为艺术来达到语言不能达到的效果。

也许你已经和客户交流了一次又一次，对方也表现出了一定的兴趣，但总是不愿意签单。此时的客户就像楼市的观望者一样，总是在期待着更好的出现。我个人认为，这是一种典型的“痴”，就像陷入六道轮回一般，总是在思维观念中绕圈子。因为“更好”永远只是一个概念，不是实体，那么要破除这种痴，语言显然起不了多少作用，之前的销售员已经说了太多太多，客户的心里已经建立起了免疫系统，再多说也无益。这个时候试一试美国交易专家罗杰·道森的行为艺术刺激法。

你把一张 50 元的人民币拍在客户的桌子上，直接问他，先生，我们之间已经说了太多的废话，谈点实际的吧。这50元的机会你要不要？但在你学会解决这个问题之前，我要提醒你，前方可能还有100元人民币的机会。你会为了可能的100元而苦苦等待，还是拿走眼前的50元？

试一试这个方法吧，用这种简单的行为给那些不切实际的顽固客户来上一次当头棒喝。不过我提醒大家，在正式运用前，自己还是找个朋友先练一练。否则你会把它搞得一团糟，成为一个滑稽的小丑。

下阕：釜底抽薪

释义：这种方法的着力点不是为客户加压，而是通过为他们减压来达成交易。

方法一：认输。

这个方法的操作要点是在确实无法与客户的进一步交流的情况下，主动认输。表面放弃自己的销售主张，然后征求“前”客户的各种意见，从而转换方向，推动第二轮的销售进程。

认输的一个最大好处在于它可以瞬间卸掉压在客户身上的沉重压力。此时，客户心情大好，对于销售员向他请教的问题，如哪些地方做得不够好、他对于产品的真正想法是什么、如果销售员能做到怎样他就接受等，都可以坦然面对，真诚应答。因为在他面前的这个人已经认输了。客户喜欢认输的销售员，千百年来，这一点从未改变。

在使用此方法的时候，要注意以下三点：一是销售过程确实已经到了举步维艰的时候；二是在认输后半个月内，除非客户主动联系，不要再次上门推销自己的销售主张，那只会让销售员显得虚伪和令人讨厌；三是再次上门时，提供的商品和服务一定是符合客户在交流中表达的东西，不要让同样的错误发生两次。假如上次认输后，客户提到他不购买的原因是经济上面不太宽裕，而且销售员的推销方式也给人一种气势汹汹的感觉，那么半个月后的再次拜访应该知道要做些什么，避免些什么了。

方法二：通过微博帮助客户减轻做决定时的压力。

本方法的操作要点是根据中国的网络社交现状，和客户建立联系后，尽可能与客户的网络生活区链接，保持互动关系，并根据线上信息，制订线下的现实活动安排。

具体来说，当你和客户搭上线后，应该尽快拿到他的微博或微信账号，建立关注关系。这样做至少有三大好处：

第一，它是介于工作生活娱乐之间的平台，沟通氛围比较轻松，容易迅速建立关系。

第二，通过微博的关注、转发、评论、粉丝等信息的综合分析，基本上就能确定客户的性格、爱好、交际圈的构成，掌握了这些信息，对于和客户的微博互动以及进一步深化关系都有非凡的价值。

第三，可以从客户微博中的表现出发，拟定线下的活动，形成立体的交际网。比如前两天，我看到一个正在跟进的客户的微博上转载了一个视频，是关于两个年轻人在楼道口弹唱《因为爱情》的故事，歌声很美，客户也热情地表达了对这首歌曲的高度认同。于是第二天，我就私信他出来一起去唱歌。当晚，他把这首歌唱了三遍，相当尽兴，这给我后续的工作带来极好的局面。

常常有同行问我，怎样才能建立起靠谱的客户关系，现在好像喝酒不行了，送钱也不行了，到底该怎么办？

我对这个问题的回答是与时俱进。它包括两方面的含义：一方面是信息收集和交流工具的与时俱进；另一方面是建立关系内涵与时俱进。过去靠质量、靠酒、靠钱，那是过去的老黄历。现在有几个人不注重产品质量？喝酒有多大意思？伤身伤胃。钱你能送别人也能送，那得送到什么时候才是个头呢？我认为现在建立和维护客户关系已经到了人文关怀的阶段，他需要你真正地了解他的追求、他的理想、他的喜怒哀乐。

前面我已经多次提到过，客户做决定是一件很费神的事情，而如果你能让他的整个身心都愉悦了，做一个决定只是分分钟的事情，不是吗？

“猴子”定律：四两拨千斤的销售法则

在没有属于自己的企业之前，我的角色定位其实相当单纯，一个项目的标的不管是10万元还是千万元，成交过程是顺风顺水还是一波三折，我直接的目标始终如一的只有一个：让客户做出和我而非他人的交易。就是说不管客户或者外在环境发生了多大变化，我唯一要做的事情就是让对方下定决心。

当然，在这个过程中就有很大的操作空间了，可以势大力沉地正面强攻，比如一个250万元的工程设备改造项目，在保证质量达标的前提下，其他的竞争对手最多可能报到230万元，外加两年的售后保修服务和技术支持；而你的背后或者手上如果有足够充足的资源，就可以确保你报出200万元外加3年售后服务和技术支持的条件，自然，这样的条件，客户一般都无法拒绝。

除了正面强攻之外，也可以采取侧面迂回的战术，打通关键人物或者关键环节，就像我前文中提到的用一些巧妙的小动作让最高领导对自己刮目相看，或者说利用标准制定等前期运作，直接将实力最强的对手狙杀于投标之前，这两种方法都是在自身处于相对弱势，成交没有绝对把握的情况下的有效手段，运用得当，往往能取得四两拨千斤的作用。

前面的章节中我已经讲了很多关于促成成交的具体方法问题，这里就不再赘述了。在这里我主要想谈一谈另外一个问题——“猴子销售原则”。其本质上和强攻、迂回一样是一种销售手段，不过却从另外一个全新的角度开拓了销售的思路。

其实，这个原则严格地说不是一个销售原则，它最早是由一位著名的管理学家——威廉姆·翁肯提出来的团队管理原则，“猴子”主要是指一个组织内成员工作时的下一个动作。

比如，作为策划部门一把手，你在上周一把一个房产推广方案交给了小何，要求她在本周一给出一个初步的方案。然而，在上周五，小何急匆匆地来到你的办公室，说她遇到了一个很棘手的问题——点子想了一大堆，但总是觉得哪里少了点儿什么，她希望能够从你那儿获得解答。你看她工作如此热情，自然不愿泼冷水拒绝，就一口应承了下来，说先放在这儿，等一会儿我仔细看看，然后再想想怎样调整。看起来这是一件工作中很稀松平常的事情，但实际上小何已经有意或者无意地将本来在她身上的“猴子”转移到你的身上，因为你需要的是在周一拿到一份正式的房产推广方案，然后判定可行还是不可行，而不是在周末的前一天去想那堆乱七八糟的点子里少了什么。实际上，小何可以安安心心地回家度周末了，即便是下周一要交方案，也没她什么事儿了。你已经把她身上的“猴子”（完整的推广方案任务）揽在了自己身上，也就意味着变相地把方案提交日期延后了，并且完全打乱了自己既定的工作安排，至少整个周一的时间泡汤了，因为你必须花时间来喂养这只“猴子”。

威廉姆·翁肯正是发现这一有趣的现象后提出了处理“猴子”问题的几项重要原则，以此来提高整个团队的工作效率和发展潜力。

不管用什么样的具体方法来实行这个原则，一定是围绕着这样一个目的行事：让适当的人选在适当的时间，用适当的方式做适当的事。

因此，凡是与本目的无关的行为应该果断拿掉，也就意味着对于那些没有存在价值的“猴子”要果断将其杀死。比如，上面的小何如果是来询问方案中两处无关紧要的数据出处问题，那么就可以直接把这个问题抛弃掉——“不用管这些数据来自于哪儿，那没有意义”，此时主管仅仅是用了不到 5 分钟的时间听她陈述，然后凭借经验，通过瞬间思考，用 17 个字把这个问题彻底地解决了。此时，这个猴子就既不属于小何，也不属于主管，对双方的工作都不会产生什么不好的影响。

“猴子”的最终出路只有两个：要么被杀死（意味着问题得到解决），这里需要注意的是杀死而非饿死。如果一个实实在在影响工作的问题一直在那儿而又得不到解决或者转移的话，那这只“猴子”只能被饿死，其结果就是给生产带来重大损失。例如，一家工厂质检设备一直处于不稳定的运营状态，而管理者和直接的操作者都抱有侥幸心理，长期得不到有效的解决，后果可能就是交给客户的某一批产品残次率过高，客户要求赔偿损失或者终止合作的惨剧。要么就是由当事人中的一员喂养着（意味着它还处于活跃期，随时都有可能跳到对方身上去）。

因为管理者的重要工作之一就是解决团队成员面临的问题，所以要想自己的手下完全没有“猴子”也是不现实的，但如果让属下养成了依赖习惯，一遇到“猴子”就让他们跳到管理者那儿去，那对管理者本人和整个团队都是有百害而无一利的。因此，“猴子”的数量应该控制在管理者有能力解决的时间范围内（即便有很多管理者很享受那种大包大揽的快感和虚荣，也只能如此），解决一只“猴子”的时间通常在10~15分钟之内，管理者应该根据自己的日程合理安排时间。

对于“猴子”的处理不用操之过急，要遵循饥饿者优先和随机的处理原则。作为一个管理者，在把任务详细分派到各个员工身上后，要做的就是放手，让他们自己去解决一个又一个的“猴子”，只有当他们的能力确实不足以应对“猴子”的时候，才有必要出手帮助他们杀掉它。而在工作进行过程中，管理者不需要喋喋不休地去问每一位成员现在有什么需要帮忙解决的问题，他应该有自己的事情要做——对团队的下一步发展做好充分的准备。这是一个很痛苦的过程，也是一个团队成长的必经过程。

“猴子”的解决应该遵循简单而直接的原则，避免过多的中间环节。也就是说，当一个“猴子”已经摆在那儿的时候（比如说产品定位总是不明确，需要进一步的讨论确认），那么采取的主要沟通方式就应该是面谈等能够快速而直接获得反馈的方式，而放弃网络平台或者电子邮件，那样做的效率很低，并且由于实效和表达上的限制，造成双方理解上的偏差，在“老猴子”未杀死的状况下，又凭空长出一只或者几只难缠的“猴子”。

为了达到最终杀死“猴子”的目的，常常要对“猴子”进行喂养（这可以理解为每一次解决问题的努力），而这个喂养过程一定要清晰有序。比如，这一次双方的沟通没有达到预期的效果，那么双方就要事先约定好下次讨论的时间、方向和要达到的具体目标。否则，这只“猴子”也只有两种结局：要么被饿死，要么还是会回到管理者身上（这一点很重要，一个员工感觉确实扛不住了，可以拍拍屁股走人，那么剩下的烂摊子还是要由管理者来收拾）。

一个“猴子”只对应一个主人。其实这就涉及一个很古老的话题——一个和尚挑水吃，两个和尚抬水吃，三个和尚没水吃。因此，但凡大的任务一定要进行科学分割，然后细化到每一个人头上。否则那只“猴子”很有可能陷入“没水吃”的境地，这种场景并不少见，天天都在我们的生活中上演。

这里说了这么多关于“猴子”的管理话题，似乎都跟销售没有什么关系，有些跑题了。如果是在我仅仅作为一个销售员角色的时候，我也会这样认为。每天的工作就是想着使用哪一种手段拿下客户，而此过程中，我也会不断地提醒自己要多了解客户。而了解的切入点也无非是家庭、性格、爱好等方面，掌握了这些，也能把销售事业做得比较出色，那时候还扬扬得意地向人吹嘘识人的本领何其高强。但在成为自己公司管理者的时候，才发现一个之前一直由于角色而遮蔽了的问题：我对一些客户并不能谈得上了解，至少在思维方式上是如此。

这个“猴子”管理法则也是我在一本商业杂志上偶然看到的。不看不知道，看了真的受益良多。威廉姆·翁肯所提出的这个问题及其解决方案和销售之间有着天然的共同性。具体而言，可以给我们带来如下启示：

销售过程其实就是一个解决“猴子”的过程，并且是一个“猴子”活跃系数相当高的行业。

任何交易的出发点都可以看作两只“猴子”的跳跃过程，销售方的“猴子”是自己的产品或者服务，我需要让这只“猴子”跳到客户的身上，并促使客户用订单解决掉。而在抛出这只“猴子”的同时，客户同样向我抛出了一只“猴子”——以最少的花费来满足自身的需求，他希望我能接手这只“猴子”。

这里我还是以人们最为熟悉的商场购物来解释这个问题，比如你是一家苹果手机的销售商，那么苹果手机就是手中的“猴子”，而解决它的唯一方式就是客户手中的钱。否则，货砸在自己的手里，损失的就不仅仅是投资运营成本，还有时间成本。

而一位客户正好想买一款苹果手机，他觉得这款产品时尚、有品位、功能强大，最重要的是他的朋友圈中大多数人都已经用上了苹果手机，已经快要成为随身的标配了，而自己如果还是拿着一款老式手机在圈中交往，会面临自我的一种身份和价值焦虑（虽然，这很有可能是其一厢情愿的想法，他的朋友们也许还会觉得在满街的苹果中，他那一款国产手机显得特别有范儿，人也特有个性，但总的来说，会带来一些影响，比如相互之间的交流话题会在一定程度上减少等）。这种焦虑就是客户身上的“猴子”，他也迫切地想把它抛给销售员。

当然，这仅仅只是一个开始。后续的过程才是销售员面临的真正挑战。客户向销售员抛出最初那个“猴子”的同时，悄悄地附加了另外几只“猴子”，包括尽可能低的价格、靠谱的手机质量、较为完善的售后服务等。而销售员抛出的“猴子”同样也不单纯，他绝对不会以萝卜价卖掉苹果机。其附加的“猴子”包括尽可能高的价格、尽量少的后续维护成本、尽可能多的销售量。

很明显，两者附加的“猴子”间，存在着一些阻碍成交的矛盾，特别是在价格上双方有很大的博弈空间。从客户的角度讲，这只“价格猴子”很有杀伤力，因为专卖店的价格、港版的价格、通信运营商合作代售的价格都有很大的区别。

因此，在这个问题上销售员如果被“价格猴子”挡住了去路，而在自己的能力范围内又不能完美地解决（如打折、降价）的情况下，就应该在另外两只“猴子”身上做文章，如强调运营商捆绑消费的种种烦劳和不便，以及非正规渠道手机在售后服务上的风险，从而又给了客户一只大“猴子”，此时，客户就必须仔细衡量“猴子”们孰重孰轻，或者哪些是完全没有意义的。对于一件至少会使用一年的日常电子消费品，千元左右的差价和可能出现的种种麻烦比起来似乎还是可以接受的。就这样，一笔交易达成了。从这些日常的销售行为中，可以看出销售的两条重要思路：

（1）摸清双方的“猴子”数量（尤其是隐藏猴子的数量），是所有销售过程的第一步。如上面所谈到的案例中销售员和客户的“猴子”数量都为四个，没有一方占据明显优势。这也就决定了下一步的销售策略。

（2）甄别“猴子”的分量，排除无效选项（价格比较），将自己身上的“猴子”抛到对方身上（例如价格占优的苹果产品可能在未来的岁月中带来的诸多麻烦）。其实这个“猴子”与销售员之间没有任何的关系，这本就应当是客户烦劳的问题，只不过其有意识地把它雪藏了，销售员的工作就是找出这些雪藏的部分，然后抛给客户。在此，我有必要再强调一点：世界上绝对没有完美的产品和服务，缺陷一直在那里，只是看你愿不愿意花心思去找！

关于“猴子”的几种归宿问题，是饿死、杀死，还是持续“喂养”。

这个提法本身就很有意思。在销售的过程中也常常存在这三种状态，最常见的就是“喂养”状态。

就现阶段销售领域的背景而言，客户方处于相对强势的地位，因此也就经常出现这种情况：客户抛出一个十分棘手的“猴子”，比如客户由于采购量比较大，直接要求价格在原来的折扣基础上再降 20%（而假如价格到了这种程度，也就基本上意味着利润空间趋近于零），答应就成交，不答应那就只能是有缘无分了。

这种态度，已经让那只“猴子”牢牢地待在销售方的肩膀上了。此时有三种选择：第一种是“杀死”他，这是最直接的办法，只需要咬咬牙，带着多交一个朋友和回笼资金的心态将条件答应下来，不过不到万不得以，很多人不会走上这条路，毕竟那就意味或许大半年的辛苦就打了水漂（这在农产品流通领域表现得特别明显）。

然而有时这也是一招妙棋，关键是要能预判前方的形势，销售有时也是一种割肉的艺术，大多数人是不敢或者不愿意主动割肉的，而有胆识的销售人往往在关键时刻有那种自断其臂的魄力。

在运用这一招时，必须要满足两方面的条件：一是清晰地预判行情走低的形势；二是一定要先于客户提出狮子大开口的要求之前自己提出来。因为当客户纷纷跟进的时候，基本上就已经大势已去了，那个时候割肉的意义已经不大，用句流行的话说就是："大家都在割，你跟少了都不好意思说。"

第二种选择就是对其置之不理"饿死"它。这种方法同样很少人用，偌大的一只"猴子"站在那里，装看不见是没有意义的。敢这样干的，一定是居于强势的那一方，不过很遗憾，大多数销售方在台面上是谈不上强势的，所以这条路也基本堵死了。

第三种选择就只能是在"喂养"上面多下功夫，首先要明确一点，"喂养"的目的只有两个：要么是为最终杀死"猴子"做准备；要么是为让"猴子"再次回到客户身上做准备。针对这两个目的，销售员也就可以相应地从不同的角度入手。

针对前者，你可以尝试从结款时间和方式、交提货方式、产品等级和门类下手。首先试探客户敢于如此行事的真正原因，因为很多客户疯狂杀价只是为了掩盖自己资金短缺的尴尬事实，但这一点他是不会说出来的。当试探到其真实的想法后，主动出击。这样一来，落在销售方身上的"猴子"也就到此为止了。

而如果客户是正常砍价行为，那么上面提到的方法就派不上什么用场了，下面的一些策略会对转移"猴子"有所帮助。

换一个沟通环境和话题试试。如果之前是在严肃的会议室或者礼堂进行纯粹商人式的沟通，那么就到茶楼或者会所试一试谈谈家庭；反之则相反。这样做虽然不能直接让"猴子"挪窝，但至少可以让客户感受到一种对本次交易的态度，销售圈里的传奇虽然不多，但也不少，有时候一句话真能触动一个人，不要小看这些细节带来的力量。

引入一个第三者，形成竞争格局，进而把“猴子”转移给客户。这里说的第三者倒不一定说就是自导自演的托儿，可以找一些之前有过联系的客户过来参观考察都行，这样既能达到没说谎同时又从侧面暗示客户的效果。实际上，当客户喊出让人很难以接受的价格时，他的身上基本上没有什么“猴子”，只需要静观其变就好，而当引入第三者后，身上立马有了3只“猴子”：一只是第三方的购买意愿；第二只是为自己出的价格而焦虑；第三只是对销售方态度的猜疑。这些“猴子”一旦落在谁的身上，谁就必须想办法应对它们，要么降低某些条件，“杀死”猴子，要么继续想办法把它们抛回另外一方！

现在说到第三个问题——关于销售员和客户间的交往之道。

在销售行业，大家都在讲要和客户建立尽可能深的关系。但对于“深”到底是个什么概念，很多人却并不能说出个所以然来。

我倒不是想说背下一个死板的概念能有什么意义，而是因为对“深”的认识不清楚可能会导致新人同行走入一些销售误区。

比如，销售员做成了一笔财产险业务，第二年，客户家里出事儿了，损失了一笔钱。作为保险业务员，他为客户要做到哪一步才算尽职尽责，且体现出了两人关系“深”呢？自己一个人拿着客户的相关资料，一条龙全包服务，好不好？

听起来确实很好，服务周到、态度友好，说不定客户还会带来一大串的客户，这是一笔稳赚不赔的生意。但是如果细想一下，就会发现大包大揽的销售员会活得很累，同时也会较早地进入事业的瓶颈期。

这其实和“猴子”原则在管理领域的应用是一个道理，销售员的精力绝对是有限的，而客户却一直处于增长状态之中，客户身上自打签订合约后，基本上就没有一只“猴子”，你的服务太过完美，他们完全不用操心任何问题，当然，这从消费者的角度来看，是一笔貌似很合算的交易。

不过，问题并不简单，对销售员而言，自己的客户队伍会在不太遥远的将来形成反作用力，因为你已经没有那么多精力去保质保量地维护和开拓新的客户群了，即便那些对你赞誉有加的客户还会帮你拉来订单，而且，这对消费者而言也不全是好处。还是用保险来说，业务员让他购买保单，那么至少要让他对这份保单有深刻的认识，那些条款代表什么意义，出问题之后按照什么流程进行理赔，以及需要的资料和证据。一系列的东西都要让客户用心地去理解，也就是说把属于客户的“猴子”还给他，销售员只承担有限的“猴子”数量，例如基本的咨询和一些部门的沟通。这也就是以带团队的思路来带领客户的做法。

如此一来，不仅减轻了自己的负担，能够腾出手来去干更多的事情，而且也会让客户改变对销售员的态度。一条龙全包，他们只会认为你是一个很好的服务人员，而非能和他们真正对等交流的专业人士，而当他们掌握所涉及商品的基本内容后，你在关键问题上的指点马上就体现出来了。这个也很好理解，对于一个对电脑一窍不通的人而言，你修好他那台基本上没有希望修好的电脑，他也不会有什么真正的心灵震撼；而一个对电脑有相当了解的人，看到这一幕后，效果就截然相反了。因此，在销售过程中，一定要牢记这一点——将“猴子”转移一部分到客户身上，自己承担有限的关键责任。

科技无论怎样发达，都不能取代会面在沟通中的重要作用。

与真人沟通的现场感是视频、短信、邮件永远不可比拟的优势，做销售的人不应该放弃任何一个和真人直接对话的机会，因为这不仅意味着他真的认识你了，也意味着你了解到了除语言之外的其他很多信息。而文字的表达效果则要大打折扣，过去是，现在是，未来还是！

在销售过程中，一次性解决掉所有的“猴子”是不现实的，将所有的“猴子”都集中到最后也是极不明智的，那只会让销售员更加被动。

最为实用的方法是将一些双方争议的焦点“猴子”如价格、交货方式、付款方式、账期等提出来，按照先易后难的顺序依次解决，不过要限定讨论每个“猴子”的时间，一般以30～60分钟为宜，如果还是不能解决，要果断地将其搁置，进入到下一个“猴子”的讨论过程中，切忌被一个“猴子”挡住了所有前行的路！

一个猴子对应一个主人，这句话同样适用于销售领域。一个“猴子”比如价格，客户和销售员在这个问题上一定有一个占据更多的话语权，否则两方永远也达成不了妥协。

当然，这也并不意味着谁只要掌握了一只“猴子”的控制权就能主宰整个交易，销售的神奇之处就在于它为双方都准备了足够多的“猴子”，你有价格，我有信息，你有质量，我有体验，等等。

这里给我们的启示就在于销售过程中必须明确那只“猴子”的真正主人是谁，如果不是你，就必须让自己掌控的“猴子”跳到对方身上去，以求得一种博弈的平衡。比如说，经销商想要以更低的折扣从代理商那里获得货物，他就联合自己所在地区的十几家商铺，集体进货，此时，他们已经把一只大个儿的“市场猴子”抛在了代理商的肩上，而他们之所以要做出这样的举动，是因为长期以来，代理商总把一只“价格猴子”捆在经销商身上，长期不能翻身。

其实这就是销售的本质！

7

Chapter

别走进销售误区，有些事千万不能做

不知不觉已经写了那么多东西，但我觉得似乎还远远不够，因为在这些年的销售过程中，我的感悟和经历，远远不是这十几万字能够容纳的。

但是文字终究是文字，它和实践操作不一样。每一个客户都是一个独立的人，有他自己的生活经历和固有的思维模式，你搞定上一个客户的方法不一定适合于下一个客户。所以，所有的理论和技巧，都仅仅只能作为参考，你可以选择其中合适的方法去尝试，或者根据情况加以变通，但是切忌照搬照抄。

最后一章，我的想法是把之前的一些销售思路和技巧做一个提升，可能更适合于那些做了一段时间销售，有一些经验和感想的人看。也许你看过之后，会有自己的思考和感悟。哪怕其中只有一两句话能给你带来“咦，这个方法似乎不错”之类的感受，我的目的也就达到了。

越害怕被拒绝，就越容易被拒绝 ■

这一个小节其实我本来想写在最开始的，但是在写的过程中，我觉得这一节的内容其实并不是基础。反而是对于有了几年销售经验的人来说，更容易去理解，因为这是一定要亲身经历过以后，才能体会到其中轻重的事情。

刚开始进入销售行业，通常你的客户就是消费者，那时候虽然也急着拓展业务，但严格说来还没有特别强的得失心。因为每个人都是你的客户，一笔单子也没有多少钱，这个不行就下一个。但是等你在销售业做出一些成绩了，你可能就会不断地升迁，你做的就不再是直接针对消费者的营销了，你开始针对客户。

针对客户和针对消费者的区别是非常大的：

第一，经济收益完全不可同日而语，针对消费者你赚的永远是零星钱，相当于“民工”推销员，那是辛苦钱；但是针对客户的往往是一个个订单，你可能半年甚至两三年才能谈妥一笔单子，但这笔单子的收益就相当可观了，因人而异，少则几万元多则百万元都是有可能的。

第二，营销对象的重要性简直是天上地下，针对消费者的时候虽然也说顾客就是上帝，但是这个上帝要是敢说脏话或者明显贬损你，你甩甩袖子就可以走了，毕竟也不是什么救命的钱还得跪着求人家买你的东西；但客户还真就是上帝了，任何一个单子你都必须小心再小心，该为五斗米折腰的时候就果断低头。

第三，营销成本的区别，针对消费者的营销成本其实是非常低的，尤其是时间成本，比起针对客户而言，几乎可以忽略不计。我们面对一个客户的时候，往往会核算这单买卖的收益率，越高收益的就会花费越多时间和精力。相反如果最后这单买卖黄了，你付出的代价是非常惨烈的，几乎就是输不起。

综合上面三点，相信每个做营销的人都是心有戚戚然，在很多新入营销行业的人看来，好像做到高处了就什么都很容易一样，其实任何事情都是有代价的。如果你的收益增加了，同样你的风险也会以几何倍数增加。

这就会出现一个问题，你开始输不起了。好不容易谈好了一个单子，特别害怕客户“水”了你，整个人就鞍前马后地伺候着。尤其是在做乙方的时候，明明具体工程没你什么事儿，但你也必须赔着笑，有什么事儿你都得去担待，还得为将来继续合作打好基础不是?

有些事情就是特别的奇怪，就跟你去排队买票一样，你排到哪一排，哪一排就特别慢，也不知道真的是你太背，还是心理效应。这伺候客户就跟排队一样，你对客户越是殷勤，客户有时候越是对你爱理不理的。你越是怕他最后黄了这单生意，他就越是不把你的利益当回事儿。

客户这样想是很正常的，因为你把自己放得太低了，他就会觉得反正我即使这次“水”了你，如果下次我想跟你签了，你还得过来腆着脸伺候。所以他根本不用把你当回事儿，他只图自己方便就行了。

但是就算明白了这个道理，你不知道怎么办还是没意义的。不能说客户把我看得太低了，我就不搭理他了吧?毕竟现在是买方市场，你不去做他们的生意，你的竞争对手就会去抱大腿，你就算心里多么憋屈，这群人还真是得罪不起。这就形成了一个无法改变的僵局，太卑躬屈膝——不被重视，保持自尊——得罪客户。

我以前曾经很长一段时间被这个困局逼得头痛不已。任何一个做营销的人都会经历这么一个阶段，这是一个非常关键的时期，如果你能突破这个“瓶颈”，你之后的营销道路就会顺利很多，但如果你过不了这一关，你可能就陷入无止境的自我否定中了。

也不知道是不是我真的运气很好，也可能不管做什么事情都要有点运气，我的运气是我当时遇到了一个做营销的老前辈，也许你的运气就是看到了我这本书。

我当时一笔单子跟了3个月，确实是个很大的单子，如果谈下来提成至少是20多万元，这对当时的我来说真是一笔非常可观的收入。我特别认真地跟了客户3个月，只要客户吩咐的事儿都当自己的事儿去做，真正是尽心竭力，其中该花的钱一点儿没少花，客户喜欢玩相机，我还专门拖朋友帮他从内部带了一台富士的X100。

结果快到签单的当头，这个客户却开始故意躲着我，最后电话都打不通了。我当时真是绝望极了，于是给以前公司的一个老前辈打电话，一是诉苦二是请教。前辈把我叫出去喝了一场。他酒桌上说的那些话，我这辈子都会记得，因为这是我听过的最重要的话之一。

前辈先问我是怎么想的。我说没怎么想啊，就想着把客户招待好，希望他感念我的苦心不要再出幺蛾子。

前辈摇了摇头说我的想法就是错的，“你一开始给客户的感觉就错了。你心里想的是客户随时可能‘水’了你，你觉得其他竞争对手随时会从你手里抢走客户。看起来你似乎对客户非常好，你还指望他感念你，你根本就不信任他，你凭什么要他感念你？”

我当时真的觉得是醍醐灌顶，一瞬间酒醒了，在我自己不注意的时候，我不知道错过了多少个单子。

前辈让我设身处地去想想，如果我是客户，遇到这么一个合作对象，什么事情都听你的，感觉肯定不太好，心里可能还想着这个人不知道要怎么利用你呢，那你可能本来想合作的单子，也因为觉得这个人很虚伪，然后就这么给搅黄了。

等到我明白了自己犯了什么错，前辈接着才告诉我一些跟客户打交道的基本规则，我希望这些规则对于同样在学习营销的年轻人来说，也会是非常有效的。我自己做了一个整理，把它们归纳为下面几条，我就是利用这些方法，来真正成立自己的人脉网络的。

懂得示弱。很多做营销的人都不明白，客户的确喜欢强大的人，但那是你所在公司的实力。而直接跟他们对招的营销经理，不应该显得太有实力，这只会激起对方的反感，你无所不能的态度，只会让他们觉得你根本不缺这个单子。

多交流少功利。跟客户保持感情最好的方法是经常聊天，而不是对方随便提什么要求都去满足。大部分客户是希望跟你成为朋友的，将来总有个利益往来，多一个朋友在职场是大家都乐见的事情。但是你过于予取予求，别人欠你的人情太多了，反而觉得还不起你这份人情，干脆就躲开你。同时可能还会给人留下你急功近利，不值得长久交往的坏印象。

提升自己的人气。客户也会有“抢”的心理，哪怕他们是买方，看到你这边似乎供不应求，他们也会心里着急。在态度上要谦恭，但是在公司实际销售情况上要神秘，一个自信的人总是更容易成功的，一个自信的公司自然能吸引想要和你合作的人。

别得罪任何一个人。很多营销人员都比较功利，对直接对接的客户方人员特别热情，但对客户那边其他部门的人就一张冷脸。这简直就是销售大忌，你要让客户方的人员觉得自己是贵宾，但也要让其他人觉得自己值得尊重，谁也说不准在背后帮你说话或者捅你一刀的人是谁。

这场酒之后我就没再去缠着那个躲我的客户，更没有去缠着他公司的那些亲信，毕竟事情已经被我弄成僵局了，我就要对事情本身负责，反正也不是急着一时半会儿能够解决的案子。我琢磨等过了这两个月，就跟没事儿一样照常送我们的报价单过去，他们也是生意场上的人，给个台阶自己就会下，那么再谈合作也不迟。

过了两个月，我刻意等到发工资那天领了钱，路上又看了几个笑话，保证自己是真的心情舒畅志得意满的状态，才去了这个客户的公司。这次他倒是没有不接电话了，但是我看到他第一眼，就知道他表情还是有些不自然。人家心里添堵我想通了，所以我赶紧笑得一脸灿烂地迎上去。

这次我的节奏就放得很慢了，先扯家常再说管理，反正寒暄到位了，对方就开始主动问我问题。以前别人问我业绩怎么样的时候，我都是倒苦水，说日子难过要拜托他们多照顾。这次我却反其道而行之，就是摆出一副笑而不语的表情，打着哈哈就把话题带过去了。

临走我留下了报价单，场面话说到位，反正就是些麻烦多提携多照顾，好好合作互相照应的老生常谈。但这一次我说出来和以前就不一样了，以前是全然没有底气的，但这次我就显得底气十足，对方反而有些像是被动了起来。

我用这一招的时候也是破釜沉舟，想着反正也不是一个易与的客户，就算得罪了也不是什么天大的损失。结果没想到有些人真的就是只愿锦上添花不肯雪中送炭，这之后他还经常主动电话联系我。单子虽然签得不多，但首先他再没放过我，而且签起来比以前容易太多了。

所以我经常感慨，其实做营销这一行走到后面确实比前面容易一些，并不是因为事情自己变顺了，而是因为我们成长了、强大了，你懂得了很多真正有用的道理，按照这些道理去经营，自然就没有做不好的事情。

没了解清楚就贸然上门，等待你的是“逐客令”

孙子说：“知己知彼，百战不殆。”

了解客户的资料是我们赢得销售成功的基础。前面也提到过，你要借助礼物去维系客户关系，或者要靠话术打开僵局，这些都是建立在充分了解客户工作、兴趣等信息基础之上的。这在前面都已经提到过，就不再赘述，这一节我主要想跟大家交流一下，在拜访客户之前，我们要做好怎样的准备。

在销售实践中，我们经常会去拜访客户，但是有一定经验的销售人都会发现，拜访客户其实是个很难的事情，尤其是在拜访新客户的时候，或许你连面都难得见上一次，又或许在见面之后的几分钟内就被对方礼貌地“请”了出来。又或者，你在见到客户之后，似乎跟他聊得很好，但第二次想再去登门拜访，却发现自己怎么也约不到对方了。

显然，这都是拜访失败的表现。而且这种失败率，在新入行的销售人员中特别高。

为什么会这样？我们应该怎么解决这个问题？

很简单——站在客户的立场去想想，你就能明白，搞不定他的原因了。

作为客户，首先他有自己的事情要忙，本来时间就不多。而很多销售员在跟他们联系过后，无法用最短的时间让客户发现自己存在的价值，那么他凭什么会给你继续接触的时间？

其次，就算你提供的产品是他未来可能需要的，但是你作为销售员，对其需求的时间评估不准确，于是追得太紧，就会给客户太功利的感觉，自然他会设法避开你。等到真有需求的时候，或许会考虑你，或许会考虑在恰当时间出现的你的竞争者。

还有一种情况，就是你提供的产品是对方急需的，而恰好你的竞争者也在向同样的客户推销同类型的产品。相当于你们在一家客户面前竞标，在价格、品质、售后服务等其他客观条件都差不多的时候，客户的个人喜好就成了左右局势的关键。可不幸的是，客户是个能说会道滔滔不绝的人，而你为了表现自己能同他交流，也试图说个不停，结果对方跟你在一起沟通的时候总是有种对抗感，觉得不爽，于是小手一抖，就把单子签给了别家……

拜访失败的原因有很多，但是解决方法只有一个——不打无准备之仗，在拜访之前，充分了解客户的信息，对其需求做出预判，然后制订尽可能详细的拜访计划。

要做到后面几步，信息的收集工作就是基础。

首先你要清楚，哪些信息是我们必须了解的：

个人情况——客户在公司里担任什么样的职务，拥有建议权还是决定权。在公司里面，有没有和他势力均衡的“敌对派”。他的年龄、家庭情况、爱好等信息如果能够一并了解，对你更为有利。

公司情况——客户的公司从事怎样的经营领域，在业内的地位如何，历史是不是悠久，企业文化是偏保守还是倾向于改革，股东会组成结构怎样，有什么比其他同行更有特色的地方。这些信息决定了你可以为要拜访的对象定制更适合他的产品组合，这种具有针对性的产品搭配，更容易在最短时间内打动客户。

是否有竞争者同客户做过接触——这类信息比较难打探，但是如果可以得到，则是你超越竞争对手、取得决定性胜利的重要砝码。因为大家都在一个行业，如果你知道××公司的××接触过客户，就能第一时间判断对方是在产品功能还是价格上会给客户带来吸引力，由此调整你的产品方案。

其次，如何去了解这些信息？

网络信息——对方公司的网站、相关行业技术网站、黄页资料、媒体报道、行业内部的供求信息网站、对方企业高管的博客、微博……利用网络收集相关资料是最简单的方法。尤其是公司情况，通过这些资料可以了解得比较全面。

借助公司资料库——公司里面，如果以前有人跟这个客户打过交道，多多少少会留下一些信息。尤其是你的前辈、上司，可以多向他们了解一下关于客户本身的信息。

借助圈内人脉打探——如果你有朋友或者客户恰好认识对方，从他们那里获取信息就再好不过了。当然，要注意获取到这些信息后，一定要替对方保密。否则如果你要拜访的客户知道你的信息是从什么地方来的，这会让三方之间的关系变得尴尬，反而对后续销售不利。

如果你要拜访的是一个全新的客户，那么在尽可能了解对方信息过后，还需要借助短暂的谈话，去掌握关于他更多的信息，为接下来的接触奠定基础。

关于话术，很多企业都会有专门的培训，不少行销类的书里面也会用大量篇幅来讲我们应该如何去跟客户说话，我就没必要画蛇添足了。但是在这里，我谈一些原则性的建议。

原则一：把客户对产品的疑惑变成你有用的信息。

还记得我前面提到的买办公家具的例子吗？如果你是那位销售员，发现客户对你提供的品牌似乎不感兴趣的时候，是直接放弃，还是尝试去套出有用信息？

如果是我，我会问客户："×总，不知道您对这套家具有什么看法呢？"

注意，这里你应该尽量用开放式的提问，而不应该说"您喜不喜欢这套家具"，因为"喜不喜欢"所对应的答案就只有两个："Yes or No"。相比之下，开放式的问题会更容易让客户说出自己真实的想法，比如对方可能觉得风格和自己的装修不符合，或者价位太高……了解这些信息，你就可以拿出更贴合对方的产品方案。

原则二：倾听比交流更重要。

在跟客户初步交流的时候，一定要让对方多说话。因为你还摸不清对方的底，所以听比说更重要。如果客户是个健谈的人，一个好的听众会给他带来很舒服的感觉。所以，即便客户不太愿意说话，你也要试图通过开放式提问、针对他工作研究的方向等技巧，诱导他多说话。他说得越多，你能从中获取到的信息就越多。

原则三：逐渐把沟通的重心从客户身上转移到你身上。

虽然说听比说重要，但那主要是在前期沟通的过程中。如果你已经拜访了客户几次，想要的信息已经收集得差不多，就是变被动为主动，把话题引到你所要销售的产品服务上的时候了。这时，你就应该把主要的聊天内容限制在产品本身，告诉对方你为什么觉得这款产品适合他，能给他带来怎样的现实利益和预期价值。

原则四：在适当的时候，选择封闭性的提问。

跟上一个原则类似，开放式的提问主要是为了收集信息。而当你们沟通到一定程度的时候，开放式提问就露出弊端了，因为客户往往会绕着圈子说话，始终说不到重点。那么封闭式的提问就可以把话题拉到核心问题上。比如："李总，您刚才的意思我的理解是，您觉得这款产品，如果在售后项目上更丰富一些，会更贴合您公司的现状，是这个意思吗？"你这样问了，客户自然就会把话题集中在售后条款的探讨上来，事情就会比较容易往下开展。

心急吃不了热豆腐，急于求成只会错失良机

为什么我们说年纪越大的人，越是要注意修身养性？因为一个年轻人如果很急躁是可以被原谅的，甚至还可以扮猪吃老虎，客户还觉得你是个实诚的人。但一个 30 岁甚至 40 岁、50 岁的人，还是很急躁的作风，做事急于求成不给人时间和后路，那么你是客户你会怎么想，你会觉得这个人靠谱吗？

通常急躁的原因有两种，一种是心理性的，一种是生理性的。

其实心理性的急躁我们还可以想办法去克服，这就是一个习惯的问题，只要有决心去改变就一定能定下心来。你可以试着培养一门爱好，练书法下棋都可以，比如我自己就一直在学习摄影。有一门爱好非常重要，后面我还会提到这些爱好的其他作用。在这里主要是用来修养心志，你试着从自然去感受美好的东西，去学习自然的节奏和韵律，你就会感到静心的力量，一个人如果能够平静下来，便没有更难的事情了。

但是有些急躁是生理性的，我曾经问过医生，他告诉我人体有几个内分泌大转变的关键阶段，你在这些阶段表现就是脾气暴躁，性格急促，表现在女人身上叫更年期，表现在男人身上就是晚节不保。

这个晚节不保不是感情上的，是说自己修养道德上的。一个平时就脾气很差的人，脾气变好了大家都会觉得他很讨人喜欢。但一个平时脾气就很好的人，如果脾气突然变差了，其他人就会对他非常苛刻，觉得他简直做了什么不得了的错事。

我自己归纳了一下，在我的营销经历里面，目前已经有了两个焦躁期，一个是刚毕业的时候，血气方刚；一个是 30 岁长啤酒肚的时候，血气不稳。这两个阶段我的销售业绩都非常糟糕。尤其是 30 岁时，毕竟刚毕业没有人对你

有要求，但30岁不一样，人家说三十而立，这个时候正是你该做出成绩来的时候。

现在回想起来我那时候的状态，就像是现在热议的抑郁症一样，我觉得我那时候就得了强迫症。急躁得不得了，什么事情都想要第一时间去解决它，做个单子，按捺不住地去催促客户，一次就算了，三次四次脾气多好的客户也生气了。我还没完，五次六次，要是老客户了交情好也不跟我计较。但是新客户就没这么好脸色了，直接挂电话就算轻的了，回头还向我当时的老总告了一状。

老总当时就给我批了半个月的假，让我回去好好想想。我当时真是千般万般地不情愿，但还是灰溜溜地回去了。

开始几天待在家里我一点儿都没反省，满心都是愤愤不平的，琢磨那些客户为什么那么不讲道理。明明是你在展会上定下来的单子，回去都半个月了一直拖拖拉拉，催你一下你还生气了。我气不过就去网上查这个客户的名字，看看他是不是对谁都这样。

结果查出来一看我就发现问题所在了，原来这个人不是直接要货，他也是个经销商，所以就算他当时看好我们的东西，这会儿应该也还在跟他的客户磋商，我去催了他那么多次，他发火也不是完全不讲道理。

我这个人虽然脾气火暴但并不是不理性，以前在保健医师那里做过艾森格人格测试，算出来我是典型的多血质，这就是又外向又稳定的一种类型。找到了问题的症结，尤其是找到了自己的问题以后，我就会冷静下来认真思索。

当时我在展会的时候为什么会认为他是零售商呢？如果我早点发觉他是经销商我还会去催他吗？针对经销商我应该怎么做呢？我自己总结了几个以后必须要向客户了解的问题，我相信这些问题一定不会让我再犯类似的错误。

第一，他具体的职位和工作方向是什么？

第二，他在这一行做了多久？

第三，他的目标客户是什么？他需要的是零售商还是批发商？

第四，他平时的业绩如何，主要经营的方向和年销售额是多少？

第五，他所在公司的详细地址、电话和传真。

第六，是否有包括网站、微博、网店之类的额外信息。

在家的最后几天我给自己下了两个指令：第一，不要对每个客户都斤斤计较，客户要个预算并不会花你多少工夫，所以你也不需要过高期待；第二不要对问盘的客户纠缠不休，客户就是超市里面的顾客，如果你允许超市里面的顾客没事儿瞎逛，你也应该理解客户。

回到公司以后，虽然休假让我的业绩很是停滞了一段时间，但是带来的后劲是无穷的。很多事情我们工作做得不好并不是能力问题，而是心情问题。比如，连续十几个客户来问盘，只有一个是真正有意向的，但是你心里惦记着那十几个人，你就会对每个人都心不在焉，而且脾气很差，说不定就那么一个客户也被你吓跑了。

以前我其实不太乐意带实习生，但这次之后我主动要了两个新人，让他们按照我的六个问题原则去挨个和客户交涉，然后将资料收集起来给我。我通过资料来判断哪些客户是有意向的，需要重点去盯；而哪些客户只需要保持联系就可以了。

这样一来我不但业绩没有下降，出乎意料的是，我带了两个新人，自己的业绩反而上升了，还让两个新人迅速上手，成为我的得力助手。这也为我之后建立自己的部门甚至出去创业打下了坚实的基础。

而且就在那个月里面，还发生了一个特别有意思的事情，就是那个被我催得打电话告状的客户，还真的决定向我们订大概 70 万元的货。我们老总又派了我去盯这个单子，对方当时一听是我就语气不善，但现在的我已经不是当初的我了。

我很明白心急吃不了热豆腐这个道理，之前确实是突然犯浑，但谁没有过犯浑的时候呢？冷静下来不就好了吗？

这次我就不急不慢的，先给对方发了个优惠项目过去，算好时间，过了一周又发了个年度返利计划表过去。根本不用你去“积极推销”，东西在那里，对方有眼睛就会去看，看完了他感兴趣自然会联系你。

第一周的优惠项目本来就很平常，所有的批发商都会搞这种把戏，上至千万元订单下至两万元散单，都适用于这种优惠项目，没有什么好稀奇的。

我这么做就是要让对方知道我其实并不是那么急吼吼的，非要把东西卖给你不可，但是过了一周对方还没回复，那么就需要再开出优惠点的方案了，所以年度返利计划表就登场了。我花了一周时间去磨他，他就是耐心再好，看到这张单子也按捺不住了。

于是这个曾经觉得我催得他心烦的客户，破天荒地主动给我打来了电话，询问返利的细节。我是乙方，那我该有的耐心和专业素质是一个不会少。这个时候倒是要给对方留下些面子了，总不能让对方觉得你是在报复他，要多诚恳有多诚恳就对了。末了记得加上一句，如果还有优惠方案下来一定第一时间通知他。

结果再等了一个星期，估计他也等不住这莫须有的优惠了，商讨好了合同细节就下单了。所以做销售永远不要去犯急，有什么好急的呢？该来的总是会来，把节奏放慢一点，你才能看得清楚一点。

轻易许诺却不兑现，只会让客户远离你

我经常被董事会推荐去做新人培训，可能是因为我说的东西不虚浮，就是很实在的东西。我也不赞成公司花大量时间做毫无意义的员工培训。你去做什么拓展训练培养团队凝聚力，我觉得就是在浪费时间。

一个公司要让员工团结不是搞花架子，而是你这个公司的文化让员工能够信任，他们知道这个公司是有前途的，是一个非常优秀的公司，只要通过努力就能学到东西，就能在这个公司里大展拳脚。这才是真正的凝聚力。

我给员工培训的时候特别喜欢强调承诺，尤其是营销这一行，你说出去的话你可能觉得是泼出去的水，能够骗到就是手段。尤其是新人最容易犯这个错误，毕竟对公司还没有那么强的责任感，就想着拿到那笔提成。

如果只是抱着这样的想法来做营销，我觉得对员工而言是浪费生命，你赚不了多少钱就断了自己的后路。对于公司来说，招到这样的员工是不幸，小利益毁了公司的名声，这是多少钱都补不回来的。

在这一行做久了你就会发现，你保持什么样的心情去对待客户，客户其实是能够感应到的。人都有天生的第六感，不用通过逻辑去整理，就是凭感觉也能下结论的事情，比如你对他什么态度？是不是真诚的？

而且这种态度出现的时间必须是长期的，你要真的特别真诚友善地对待每一个人，尤其是拿到订单之后。很多营销人员这点真的做得不好，我有时候说我带的团队，他们还反驳说时间不够，哪儿有那么多精力来经营。

我就奇怪了，你们有时间跟朋友打麻将，没时间跟客户维持感情？几个只知道打牌的朋友，和可能告诉你很多商业技巧甚至给你带来更多生意的客户，到底哪个重要？你去跟客户聊天喝茶，是不是比跟麻友混时间强多了？

以前跟我一起进入营销行业的人，5 年之后剩下的不到 3 个，这 3 个坚持下来的人，没有一个不是人脉广泛，而且和客户们关系融洽的。至于那些最后没坚持下去的人，并不是说他们就不擅长跟人打交道，刚好相反，他们中有些人简直就是社交天才，交际手腕之高明让人叹为观止。

我们一群新人曾经打过赌，看一个月内谁能先做够 10 万元的单子。我那时候花了 25 天才达到目标，但是我们中最厉害的一个人，他只花了 5 天时间。我们当时都以为他会是这个圈子里面将来最有出息的人，结果他却是最快转行的人，第二年就回家去考公务员了，后来也不知道考上没有。

也是他走了之后圈里才传出他当初那些手段，其实说来非常简单，我们当时做的是一种进口食品，通常默认每箱装 12 件。他在跟客户谈的时候，就一直摆出一副冒失新人的傻样，给了客户公司印的报价单，然后自己假装记错了。500 箱的货款大概是 12 万元的样子，他跟客户谈的合同却是 500 箱 10 万元。

他一共找了十几个客户，大部分都直接指出了他的错误，他打个哈哈也就过去了，但还是让他遇到了一个贪便宜的。这家客户也是居心不良，所以急着把合同签了，结果最后发过去的装箱全是 10 件的，这家客户明知道是上当了，但是这事儿却不能明着伸张，谁让他当初贪心呢？这才吃了个哑巴亏。

但这种抖机灵的事儿纸包不住火，你在营销这行想要玩弄别人，你就要准备好被别人玩弄的时候。听说后来知道他“烧人”的客户慢慢多了起来，他就一直做得非常困难，在他最困难的时候，掉下来一张几万元的小单子，他就跟捡了救命稻草一样，各种手段用尽了要拿下来这个订单。只能说这单子本身太黑了，几万元不高不低，让人就轻视了。

单子是签了，货也发了，尾款没影儿了。无论怎么催人家就是不给，真的就是店大欺客，后来公司老总出面才要了回来，但这个人之后就退出这行了。

其实不光是在营销行业，无论你做什么都是需要一个诚信的，你做不到的事情就不要轻易承诺，更不要抖聪明去欺瞒别人。客户虽然都是逐利而来的，但是客户有时候真不是那么看重毛头小利。因为无论是甲方还是乙方，最后都是要面对消费者的，只有消费者满意了，双方才能得到真正的收益。

我跟甲方合作的时候有些小技巧，这里大概也说一下，因为诚意这东西呢，你藏着掖着别人也看不到，把握一个度，适当去卖弄，就会起到事半功倍的效果。

永远不要去装大尾巴狼。你不需要去吹嘘自己公司多厉害，也不需要假装自己很专业，就实实在在的，客户自己会判断。而且你的能力、你公司的情况，决定了你的营销领域，你始终是被它们所限制的。花大工夫坑蒙拐骗去做超过你把控范围的单子，不但不会让你成长，还会让你根基不稳。

尽量显得比你本来的样子要笨些。这可不是骗人，扮猪吃老虎是职场最基本的一个技巧。这个笨也是有学问的。核心就是一个字，憨。有些人特别聒噪，这种人也笨，是真笨，笨得让人讨厌。但有些人就笑呵呵的，说什么都听，让喝酒就实心眼地喝，让做事儿就一件一件慢慢地做稳当，这才是憨，客户就喜欢这种人。

有公司的优惠一定要告知客户。公司如果决定了要做优惠的项目，那一定是有利可图才会做的，你大可不必为公司省着，更不要惦记这点小钱想收入囊中。你真不如老实告知客户，客户其实也爱这种便宜事儿，公司发下来的优惠就是讨好他们的，那你就把这个事情做到位。

其他的细节就比较烦琐了，具体要在事情到了的时候才能说出来，比如客户如果记错了价格，千万别贪，说实话。或者客户想要“暗钱”，按照你们公司的章程办，不要自己硬扛。又或者货源不够了，直说，别签了单子给不了货，最耗不起的就是耐心。

总而言之其实一句话，保持一颗诚恳的心。别玩手段，谁都会玩，你又能玩赢谁呢？你又能玩多少年呢？我以前不知道为什么中国信奉君子，其实很简单，君子作风是最让人信任的。在这一行做得越久你越会发现信任的可贵，而作为一个值得被信任的人，你的品质就是你最大的固定资产。

永远不要当着客户贬低你的同行

在销售圈子里打拼，主要会接触到四类人：客户、同行、领导、同事。这一点大家都很清楚，但如果真要让销售员用自己心中的那杆秤为四者排序，最后的结果一定会让人大吃一惊。

按照大家一般性的认识，客户无疑应该坐上头把交椅，直接考核业绩的领导暂列第二，而存在合作与竞争双重关系的同事屈居第三，当然，只存在竞争关系的业内同行就只能是垫底了。但我通过经验积累和长期的交流观察发现，事实也许并非如此。

这种一般性的排序—— 一客户，二领导，三同事，四同行——往往出现在刚入行的销售新人口中，但凡在这个圈子里站稳脚跟的老销售员则普遍认为这种排序本身就是一个伪命题。正确的认识应该是客户，领导，同事，同行四个点处在同一水平面上。

客户很重要，这点大家都心中有数，但对于领导和同事的作用往往缺乏足够的重视。而实际上，这两者决定了一个销售员在客户面前的姿态和能量。领导不光是考核业绩发工资的，同事也不仅仅是和你在一家公司共事的陌生人，他们背后是众多的客户关系和经验资源。当你正为一个久攻不下的单子而焦虑不已时，领导出面的一句话或者是同事有意无意的一句点拨，你立马就会感到柳暗花明的快意。而反之，如果在这两者上有了疏漏，一笔即将成交的单子也很有可能会无缘无故地落到其他同事手上，或者自己的销售提成久久不能从业绩表上的数字转化为个人账户上的余额，面对这些在销售圈中频繁上演的场景，销售员还能真正全身心地投入到销售过程中去吗？如果说和客户沟通交流属于前线的正面进攻，那么领导和同事则属于后勤保障。重要性不分高下！

虽然新人们对同事和领导的作用重视度相对不高，但毕竟还是重视了，而同行（虽然他们的作用同样巨大，这一点我将在下文详细说明）可就没这么幸运了。销售员入行之后，都或多或少地明白自身能力再强，如果后院不稳，也只能是功亏一篑。自然会尽力搞好对上对下的关系，即便不能完全拉拢，至少也要做到不把关系搞僵。而对于业务上有直接竞争关系的同行，很大一部分新人的处理方法就很是让人担忧了。稍微成熟一点的销售员会下意识地避开在客户面前谈论自己的竞争对手，而相当一部分“愣头青”却为了达到自卖自夸的目的，而拉来一批竞争同行做垫脚石。如此行事，后果相当不妙，这也就是我在本节将要重点讨论的问题——如何处理与竞争同行间的关系！

我们先来看几则生活中经常耳闻目睹的现象，各位读者可以在看的时候，做一下简单的换位思考，如果自己是案例中的客户或者竞争方的销售代表，会有怎样的直观感受，这种感受又会促使自己做出怎样的行动?

案例一：

我的一位朋友在青岛做电器代理生意，当时有四家生产商主动找到他，希望代理自家生产的产品。有人找上门来，朋友当然很高兴，爽快地留下了这四个厂商的详细产品资料和样品，并告知：只要没有什么质量问题，价格上不太离谱，就都有希望。朋友本来就不是做独家代理业务，也想着利用这次机会，把生意再做得大一点，如果不出意外，就将这四家照单全收了。

不过在具体了解产品的过程中，他发现有两家的产品在款式上惊人的相似。如果换个标签，基本上就可以说是一个模子里出来的。朋友可不想为两款雷同的产品做代理，这从成本上讲很不划算，而且也不方便下一步的经营。于是就分别找到了两家公司的销售代表，问了他们同样一个问题：这两款产品长得就像双胞胎一样，我只能从中选择一种，你得给我一个选择的理由啊?

两家公司的解释分别如下：

甲公司销售代表：这一款产品我们3年前就开始研发了，去年2月正式投入了生产。3C认证什么的都很齐全。这款产品第一批出厂的时候，市面上完全就没有同类产品。很明显，乙公司的这款产品是典型的仿造跟风之作，说白了，就是一个彻头彻尾的山寨品。老板，你想啊，山寨产品的质量可能有保证吗？

乙公司销售代表：甲公司的某某纯粹是胡说八道，混淆视听。我们公司生产的这一类电器产品，其他的款式都已经申请了专利，这个可以到工商和专利部门的网站上清楚地查到，这一款产品外观专利也正在酝酿申请之中，我不知道甲公司是通过什么卑鄙手段剽窃了我们辛苦得来的创意。但我敢保证，他们公司的产品质量绝对要低上一个档次。为什么呢？我们公司成立至今，已经有 12 年了，一直都是在家用电器这个行业里稳扎稳打，基础雄厚，技术精良，经验老到。而甲公司呢，他们的老板是以贸易起家，根本就不懂技术。公司成立仅仅有 4 年。就靠着那股子干贸易时投机倒把的机灵劲儿，到这个厂去挖几个人，到那个厂去弄点儿创意。说白了，就是一个东拼西凑的草台班子。您如果不信的话，把甲公司那某某找来，我跟他当面对质，看看到底谁更了解电器！他们公司也就顶多能剽窃一个外观的造型创意，内部的工艺技术、结构特点完全就是个外行。相信我，没错！

面对这样的两种解释，各位读者扪心自问，你们会怎么办？

我的朋友倒是处理得很干脆，直截了当地将甲乙两家公司一起过掉了。他的考虑很简单：这年代发光的金子不好找，但找生产电器的厂家是一抓一大把，那是想怎么挑就能怎么挑。你们两家公司愿意掐就慢慢地掐，只要别耽误我赚钱的工夫就行。

案例二：

我老家县城曾经发生了一起颇为轰动的事件。当时不知道从哪儿传出来了一个“消息”，说是杏坛广场（本县最大的通讯产品集散地）那一片儿要拆迁，因为那时候整个县城都在搞旧城改造，这个消息本身并没有掀起什么波澜。但此时，中通手机卖场一些商户联合散发的 DM 单，引发了整个县城的轰动。其主要内容为：杏坛广场即将拆迁，销售商急于清仓，会将很多质量无法保证的积压产品当作新品出手，而且在那里购买手机，还将面临售后服务无法保证的问题。而中通手机广场已经确认，不会受到这次旧城改造的影响，所提供的产品质量可靠，服务有保证，希望大家踊跃选购。

你能想象这次事件是怎样收尾的吗？我这里先卖个关子，等会儿再来解释。我们先看下一个案例。

案例三：

前些年，我陪一位刚买房的朋友到建材市场闲逛，无意中看到了一个广告牌，其设计很具有视觉冲击力。广告牌均匀地一分为二，左半部分写着“821腻子”，不过上面覆盖了一个大大的红叉（与禁止吸烟的公共标志很相似）。而在广告牌的右端则旗帜鲜明地宣称某某牌腻子掌握最新科技，天然环保无污染，是一款改变业界生态的革命性产品。我当时觉得这个广告设计得蛮有趣。让我不经意间想起了苹果公司20世纪80年代名扬天下的宣传画面：一个身形矫健、性感妖娆的女子将手中的大铁锤重重地抛向代表保守、顽固、无趣的“老大哥”，旧事物被砸得稀烂，新生力量——苹果电脑——强势登场。广告牌左边耀眼的红叉起到了和大铁锤相似的效果，一下子就抓住了人的眼球。

由于印象深刻，回家后我又特意到网上搜了一下那个品牌，然而结果却让人大跌眼镜。不管是在百度问答还是建材行业专业论坛，有相当一部分言论是指责这家公司虚假宣传，混淆概念，为搏出位，毫无廉耻。

这一点就让我这个门外汉有些纳闷了。根据我收集的一些零星数据，“821腻子”是20世纪80年代就出现的产品，虽然说不断更新换代，但根儿上还是没有变。比如，2G时代的传统手机虽然在不断地推陈出新，这一款像素提高了100万，那一款又增添了语音导航功能，等等，但其最核心的芯片结构并没有发生实质性的突破。而3G时代的智能机则完全是另外一个层面的产品。而这款“腻子”感觉确实和“821”有很大差别，称为下一代产品应该不存在什么问题。但为什么有这么多的负面评论呢？难道这是网络水军所为？

后来，在一次朋友聚会上，我偶然遇见了一位建材行业的专家（其在华东五市有超过30家的建材商铺）。我就顺便把这个疑惑提了出来。说到这些专业问题，“专家”一般都很愿意解答的。原来是因为在现行的国家标准中，主要用于装修领域的“腻子”大致分为两类——耐水腻子和非耐水腻子。“821”就属于后者，虽然在耐水性上有一些不足之处，但在全国范围内都因为技术成熟可靠，拥有广大的客户群体。而这家公司的产品事实上并没有什么开创性的突破，它仅仅是众多耐水腻子产品中的一种，但却在广告宣传和实际销售过程中，将受众很广的“821 腻子”和其他耐水腻子全部踩在了脚下。行内的人一眼就能看出他耍的猫腻，可对很多普通用户而言，就有些摸不清门路了，有时还会错误地认为其他腻子产品都已经被淘汰了，因而在选购时产生一些偏见。简单地说就是那家公司扰乱了市场，招致恶评是必然的事情。

听到这里，我算是解开了一个心结，同时对如何处理与同行之间的关系有了更立体的认识。下面我就来和大家具体聊聊这三个案例中所体现出的同行相处之道。

这三个案例其实体现出了同行之间常见的一种竞争方式——利用一些并不怎么客观的信息作为武器，大肆贬低同行，抬高自己。而这种方式的收益与付出的代价确实极不相称。

在第一个案例中，那位电器代理的朋友事后从其他渠道了解到，甲公司的产品确实是乙公司产品的跟风之作，也就是说，甲公司的销售代表说谎了。乙公司本来具有很大的胜算拿下这笔业务，但乙公司的销售代表却被愤怒和自大冲晕了头脑，只是一门心思地想着如何用更具破坏力的方式攻击对手，而没有顾及到这场交易中另外一个重要角色——客户——的感受。要知道，客户不是质量监督管理部门，也不是工商部门，他要做的就是在一大堆产品中选出一款最对胃口，同时也最省心的产品。如果两家公司各执一词，客户就必须耗费大量的时间成本和精力成本来甄别和评判，对每个人而言这都是一件相当糟糕的事情。想象一下，当两家楼盘互相攻击对方房子有质量问题时，还有谁会愿意选择这两家中的一家？因此，贬低同行的第一个危害就在于增加客户的心理负担，无形中提高了购买成本和信任成本，从而加大了成交的难度。

而这还仅仅只是建立在客户比较“中庸”的情况下，如果客户想要争取额外的利益，互相攻击恰好就是送上门来的一把大刀，他完全可以用这把刀砍完甲方再砍乙方。只要竞争的双方陷入这个圈子，那么最终的结果只能有两种：要么咬咬牙中途退出，这也就意味着前期的投入全部打了水漂；要么血拼到底，等待对方的退出。很明显，这两种结果都不怎么样。这也就带来了贬低同行的第二个恶果：为客户获得超额利益提供了天然的借口。

上面我们讲到的还只是贬低同行给客户带来的影响，而实际上，这给销售员带来的危害远远不止这些，这从第二、三两个案例中可以很直接地看出来。这里也可以揭开中通广场的命运了。杏坛广场的业主集体向工商局举报了中通手机广场商户的违规竞争手段，实打实的 DM 单摆在那儿，工商局开出了一张两万元的罚单。这就是贬低同行的第三个危害：可能遭遇节外生枝的法律问题，得不偿失。而如果这一点恰好被对手抓住的话，那基本上就没有翻身的余地了！而且这事儿并没有以“钱”告终。杏坛广场的业主们利用自己的客户资源和渠道资源，对中通手机广场密集施压，用两个月的时间，硬生生地把手机广场“挤”成了美食广场，原来的经营户损失惨重，黯淡收场。而在第三个案例中的腻子生产商，在场面上看起来还有些动静，而其中的甘苦估计只有他们自己心里才清楚。前面提到的那位建材行业“专家”告诉我，由于这家公司树敌太多，公司经营已经是危机重重。不管是在生产上游的原料采购，还是在下游的渠道开拓，都遭遇了相当多或明或暗的软刀子。其他公司 10 万元能办成的事儿，这家公司至少需要 12 万元，还不一定办得好，照这样的形式苦熬，没有人能长期撑下去。

从这两家公司最后的结局我们可以看出贬低同行的第四个恶果：遭遇同行的暗中狙击，尤其是集体狙击，发展举步维艰，甚至是一败涂地。

很多销售新人都认为客户是最重要的，而同行只是可以随时拿来为我所用、促成交易的手段。而事实上这是一个致命的误区。说得极端一点，对一个销售员而言，客户得罪完了，才会没有饭吃。但只要得罪了一半的同行，就只能是没饭吃了。

因为同行的影响力之大往往会超出一些销售员的想象。如果说每一个客户背后都有 250 个潜在客户的话，那么每一个同行背后至少都有 2500 个客户。你永远都不可能完全清楚哪些客户会成为事实上的客户，他们又会对这些客户产生什么样的影响。销售员一旦在销售过程中对同行贬低或者恶意攻击，那么很难确保这些信息不被当事人知道。一个也许没什么关系，两个也还可以，如果是 10 个、100 个，那么你就会发现自己的销售事业越走越难，处处碰壁。最糟糕的是连问题出在哪儿都不清楚，就被人踢出局了。如果到了这一步，那只能说你已经被同行庞大的关系网封杀了。要知道，每一个客户背后都有一些合作愉快的销售员，他们的一句话，往往胜过你长年累月的拜访、请托。而销售员由于本身的职业特点，交际面很广，其中同行占据了一个很大的比例，有些只是泛泛之交，但也有很多属于朋友类型，因此，每得罪一位同行也就意味着通过他们的关系链条间接地损失了一群客户。如果没把这一点弄清楚，那么你只能是一个蹩脚的销售员。

弄清楚了贬低同行的危害，再来处理同行间的关系就简单多了，我认为以下的几点大家一定要多加留意：

第一，不要将竞争对手与交易无关的话题牵扯进销售过程中。如第一个案例中乙公司销售代表大谈特谈甲公司老板的发家史，进而引出其一贯具有投机色彩的做法十分不明智。这样不仅会显得自己在认知上的浅薄，还很容易给对方攻击的口实，并且有可能进一步激化矛盾。中通手机广场的经营方将莫须有的拆迁捆绑在手机销售上，也是一种明显的投机行为，栽跟头是早晚的事儿。

第二，用实际行动说话，大多数销售员贬低同行，一个最直接的原因是并没有真正打动客户，因此只能用贬低同行的方式来体现出己方是当前的最佳选择。言下之意就是说客户只能选我。这本身就带有一定的压迫性质，给客户的感觉很不好。还是用第一个案例来说明，乙公司本来是占据有利的形势，销售代表完全可以忽视甲销售代表的解释，直接邀请我朋友到其生产基地参观、体验。那样的话，所有问题就一目了然了，客户自然在心中掂量谁信得过，谁信不过！

第三，在和客户沟通过程中恪守一个原则：同行的产品很好，但我们的产品最适合你们本阶段的需要。这一点很关键，在实际操作过程中，一定要把自身产品的亮点与客户的需求嫁接起来，集中发力。而对于其他同行的产品，不仅不能贬低，更要找一些闪光点予以称赞。就以最平常的卖电脑来说吧，你可以强调苹果的图形处理能力，华硕的“坚如磐石”，联想的操作简便和覆盖面广的售后服务，不过最终的目的是把性价比优良全球联保的宏基卖给客户。

第四，在可能的情况下，帮助同行下单。这是一个不断积累的过程，销售从表面上看好像是在做一件件的事，而从本质上来说却是一个做人的过程。在己方成交无望的情况下，能帮的尽量帮一下，或者说在拿下一个大单后，分一部分项目和同行合作。这些看起来是举手之劳，但正如前文所言，销售同行的能量无法想象。长此以往，自然会发现到处都是客户和机会。

第五，多参加一些同行业的论坛和交流聚会。这样做不仅能够互通有无，交流信息，还能更好地拓展人脉。要相信，在同行身上投资所获得的效益不会比客户少！

第六，永远不要把同行的人品扯进交易过程中。无数的经验告诉我们，拿竞争对手的人品说事儿是销售过程中最大的禁忌之一。在这个圈里，需要更多的包容而不是道德攻击，那对双方都没有好处。

第七，慎做“出头鸟”。积极研发新产品，开拓新的商业模式，这些我举双手赞成。能够把这些事儿办成了，大家都没话可说。但如果只是想利用一些空头概念加上一点儿包装就想搏出位，把同行的路给堵上，那就是一件相当危险的事情了。第三个案例中的公司正是如此。我奉劝各位销售员，如果你也想凭借一些花里胡哨的东西去忽悠客户认为自己的产品最好，那么还是尽早收手吧。那样做，得罪的就不仅是客户了。毕竟当行业公敌的滋味儿是很难过的！

希望我的这些忠告，能为大家带来一些有益的思考！

故弄玄虚，会让客户失去购买欲望

打开电视，各类广告会不请自来地涌上荧幕：青春飞扬的饮料广告，大气沉稳的汽车广告，励志意味十足的运动鞋类广告，色彩缤纷的各类商品一波又一波地撩拨着观众的心弦。选谁又不选谁？

走出家门，目之所及，每一家商场和超市都在举行促销活动——打折，买200元送100元，消费换积分，加一元换购超值商品，凡此种种，不胜枚举。掏钱还是不掏钱？

这就是我们生活的地方，一个商业气息充斥每一个角落的世界。也正因为这样的背景，使整个销售行业的环境变得更加微妙。在一个人人都渴望发财的年代，要想让别人掏钱就意味着要付出更多的努力。计划经济年代那一套卖家是大爷的思路明显行不通了，这一点谁都不会否认，也不能否认！不过，问题马上就出现了：到底应该朝什么方向努力？前文提到的那些方式无疑都是这种努力的表现方式，但这些花里胡哨的手段真的能达到预期的销售目标吗？我先把这个问题搁在这儿，大家用自己的经验和理性衡量一下，心中自会有一个大致的结果。至于结果的正确与否，我没有权利来予以评判。在这里，我只想通过一个早年亲身经历的一件事给各位读者提个醒——销售的手段越是复杂，越有可能把有希望的交易搞砸了。

十几年前，当时我所在的公司经过10年的发展，主要业务板块的发展“瓶颈”逐渐显现。市场已经充分饱和，要想再上一个台阶也不太现实。公司根据这种情况，做出了多元化发展的决定。在巩固原有个人卫生用品市场的基础上，进军茶饮料行业。经过一年的筹备，公司的第一款茶饮料系列研发成功。之后就进入了重要的市场开拓阶段，我也因此被借调到了茶饮料事业群旗下，主要做西南地区的代理加盟业务。

公司茶饮料第一批次产品下线后，招商工作正式拉开了序幕。公司在总部所在地杭州举行了盛大的新品发布仪式，不仅包下了当时杭州档次最高的饭店，还请来了一些食品工业协会的领导、退下来的高级干部、茶叶和营养学方面的专家等。先是新品发布会，随后是茶文化研讨会，再然后是聚餐，场面搞得很是盛大，看起来整体气氛也还不错。当然，这一切都是为第二天的招商洽谈造势。我们公司的个人卫生用品在市场上有比较大的知名度，这次推出的新产品也有很好的推广概念，并且茶饮料市场还处于萌芽阶段，市场空间还很大，邀请来的代理商也对这一系列的产品颇感兴趣。一切都似乎在朝着完美的目标前进，只等第二天集中收网了。

为了占据更多的主动，以达到进一步抓牢代理商的目的，我在第二天和西南地区的代理商沟通过程中，耍了一些小小的手段。

当时，我很看好的两位代理商——四川的王先生和贵州的李先生一起来到了我的房间。这两个人我之前有过较多的了解，一看就不是一类人：王先生两眼精光四射，给人的第一感觉就是他不好对付，是一个锋芒毕露的主儿；而李先生则属于稳重内敛型，分寸拿捏得相当到位，该说的时候他会说，不该说的时候他绝对不说。如果一定要给两人找一个共同点的话，那就是都是经验老到的商人。

我一看这两个人走到了一起，就想当然地认为，他们可能已经结成了攻守同盟。要想拿下这两个代理商，就得多用点儿手段了。在这样的思路指引下，我先是和他们说明今天洽谈的代理商数量很多，可能会比较忙。然后出门通知其他代理商，半小时后来找我。当然，我把时间稍微岔开了一些，尽量保持每隔半小时都有人来联系我的局面，从而营造出一种竞争火爆的场景。对于我不断地进进出出，王先生和李先生都表示了理解，因为这是生意场上的常事儿，他们也没怎么介意。

随后，在交流的过程中，我除了让他们感受到竞争的压力之外，也有意识地抬高了一下两人的地位。强调今天西南地区三省一市来的代理商虽然很多，但论商业能力和在业内的地位，他们无疑是其中的佼佼者，从而强调和他们合作的强烈意愿，刺激他们的虚荣心。

在交流的过程中，我也注意到一向气势很盛的王先生今天反倒收敛了许多，很多时候，都是李先生在搭话，他却在一边帮腔附和。并且我也注意到，两人对茶饮料的市场前景还是有一些小小的顾虑，提出了一些疑虑。主要是消费者对茶饮料的认知度的问题上。他们提出，中国人普遍认为喝茶是一种享受，但这种享受来源于过程，茶叶的品种、泡茶的器具、泡茶的水都是构成享受的重要组成部分。现在这茶饮料除了味道和茶差不多之外，其他的过程都没有办法感知到，这是否会遭遇消费者的认知陷阱？说实话，这两点都让我感觉有些被动，我觉得应该首先要让他们坚定对产品的代理信心，后面的事儿才可能有谱。

但要让他们感到放心，并不是一件容易的事儿，作为在饮料行业经营多年的行家，论对消费者和产品的了解，我跟他们压根儿就不在一个层次上。此时，我动了一个小心思，不谈产品，而把重点转到未来的发展前景上，还拿出了一些来路不明的外国统计资料，这些资料主要证明了一点：在国外，咖啡同样也需要享受过程，但瓶装的咖啡饮品依然占有庞大市场份额。既然国外的咖啡能办到，中国的茶叶为什么就不能办到？而且，最重要的是，现在这个市场基本上处于空白期，谁先下手，谁就有可能取得强大先发优势。只要这个市场起来后，你们二位，基本上就不用做其他饮料品种的代理了。茶饮料带来的利润就足以让你们赚得盆满钵满。

这样一番话下来，两位暂时放开了在这个问题上的纠缠。看到这种情况，我又抛出了一个意图击垮两人“联盟”的武器——价格和预付款问题。

我先是对他们提出的价格过高问题祭出了撒手锏。公司的茶饮料产品由于是一个全新的品种，确实比市场上主流饮品的价格要高一些。这个事实我无法改变，因此，我直接表示了对两人观点的认可，然后马上提出自己的价格方案；将终端零售价下调20%，而将代理商的进货价格提高6个百分点。我知道，这个方案他们是怎么也不会答应的，让他们看着利润流失比流血还痛苦。事实也和我预料的情况差不多，两人一听这个方案，马上提出了反对意见，认为这样做纯粹是坑了代理商，绝对不行。之后，两人也就不好在这个问题上做进一步的纠缠了。

当确定两人对产品和市场基本满意之后，我准备用预付款将两人彻底分化然后拿下。按照公司统一政策，代理商的预付款建议为20万元，而区域经理有权对预付款的比例做一些必要的调整。因此，我对李先生说，你们这个地区的预付款金额是25万元，然后又告诉王先生，他这个地区代理商的预付款为40万元。把这两个数字一报，两人的态度立刻发生了变化。王先生相当气愤，问我公司不是说20万元的预付款，怎么到你这儿就变成了40万元，而且我和老李都属于西南地区，为什么我还要多15万元？而一旁的李先生此时却显得有些沉默了。看这架势，我觉得自己的目的达到了。下一步就是先签下老李，那么老王就好说多了。

我对老王说道：跟你们两位说实话，我们公司每年都会重点扶持10家左右的代理商，在产品调配和折扣上给予一定程度的倾斜。我是真心想和两位合作，既然是合作，那就要向更好的方面发展，我是准备把你们两家当成西南地区的重点代理商发展的。因此，才会在预付款上有一定程度的上调。而且这也是由你们所在的市场经济环境决定的。贵州的市场实话说没有四川大，如果是西藏的代理商，10万元、5万元的都行。而且，王先生，你如果要20万元预付款也行，只要你愿意把成都市场让出来，这个好说。一听这话，老王马上摇了摇头，嘟囔着：把成都让出去，那四川就没什么搞头了！

此时，我先不管老王的反应，掉头问老李：你这边的情况怎样？老李倒也没有说什么，只是简单地抱怨了一下贵州的生意难做，希望还能获得更多的优惠条件。我马上感觉出，这只是老李的随口一说，只是碍于老王的面子，不好直接回答，其实他已经基本上做出了决定。觉察到这一点后，我准备趁热打铁，先把协议跟老李签了，从而进一步向老王施压。于是马上提出和老李研究一下协议具体内容的事情，老李没说话，也就算默许了。可旁边的老王脸色就有些不好看了。我又马上“安慰”了一下，王先生你先考虑一下，等我把这边的事儿搞定后，再和你细谈。

不过终究人算不如天算，当我拿着几份合同文本再进到房间里时，情况居然发生了180度的大转变。老李跟我说道，不好意思，我还想要回去考虑考虑，等几天再给你答复。老王也在旁边帮腔，说也要考虑考虑，看他们都已经收拾好东西，起身朝门口走去，我也没什么好说的了。只能是默默地目送他们离开。

当然，几天后老李没有给我回复，我也不能指望他有什么让人惊喜的回复。在那种情况下，考虑考虑基本上就意味着交易失败。也幸好那次公司组织比较到位，邀请的代理商比较多。我才有机会赶紧找到了下家，三下五除二地签订了几家代理商，否则，这次招商将可能成为我事业中的一次重大挫折。

现在，茶饮料已经是饮品家族中的重要一员，老王和老李也在做这方面的代理。事情过去了很久，我和他们也成了超越生意层面的朋友，问及当时他们两人最后关头收手的原因，如今年过半百但精光更甚的老王解释道：当年，你还是太年轻，弯弯肠子太多。本来挺简单的一件事儿，让你搞得很复杂。我们本来就是耍猴的人，你却一门心思想着把我们当猴耍。这不是明摆着欺负人吗？玩儿心计，你能玩得过我？最后离开，说实话，就是感觉你这小子人不太靠谱。后来接触多了，才发觉不是那么回事儿！其实做销售，不需要那么多花里胡哨的故弄玄虚。你既不是银行的精算师，又不是政客，用不着那么多算计和阴谋，简单点好！

一句“简单点好”，直接把这事儿给解释清楚了。从这件事中，我接受了一个教训——在销售技巧上一定要坚持适度使用的原则。这个原则具体有以下几个方面的内涵：

在销售过程中，首先要假设客户比自己聪明。这样的假设能够让销售员在运用销售技巧上有一些必要的节制，自作聪明是销售行业的一大禁忌。

故弄玄虚和销售技巧的差别只在一线之间，要谨慎把握。其实在我那次经历中，一定程度上说就是混淆了技巧和故弄玄虚的界限。用一大堆不清不楚的统计资料，捏造着提高代理商进货价，降低零售价，利用预付款比例差异来分化客户，这些都是属于故弄玄虚的范畴。而强调两位客户的地位，适时地转移话题，利用现场气氛促成交易等则属于技巧范畴。它们之间的区别就在于是无中生有还是因势利导!

销售方式越复杂，暴露问题的风险就越高。因此，在销售过程中要简化流程，避免被一些多此一举的东西绊住手脚。我自以为是地调整预付款比例就是一个惨痛的教训!

让我们再回过头来，看看本节开始部分提出的问题，面对众多的广告和促销手段，以一个纯粹消费者的心态再来评判一下：你是不是会觉得有些行为就是一出跳梁小丑的闹剧？当你想到这一点后，别忙着批判，也许你自己在销售过程中给客户的感觉也是那样。还是用老王的那句话来说：做销售简单点好!

只想拿订单却不重视人情售后，只会绝了后路

我把这个小节作为本书的收尾，因为我相信这个小节是一个循环，如果这本书你只看一遍，那么看到这里，你就能够了解整个营销行业需要的方方面面的学问。但如果你想要从头再看一遍，这个小节的意义就很重大了，因为它既是开始也是结束，看过了这个小节你再往回看，你对每个内容的领悟都是不同的，我相信你会产生更多新的认识。

营销这个行业说来说去其实是一张巨大的网络，无论是甲方还是乙方并不是真的谁高谁低，抬头不见低头见，没有几个人真的就是以为难别人为乐。做一个好乙方不容易，但真正能做好甲方的一定是高人。

我在这个行业里面绝大部分时间都是混迹在乙方，并不是我没有本事去甲方，其实很多时候甲方需要像我这样有丰富乙方经验的人。但是待在甲方久了，你整个人的心志就会疲惫，再让你回乙方你已经什么都不是了。

我自认为并不是一个特别聪明的人，有些聪明在生意场里面是要人命的，没有人喜欢太过聪明的人，所以我觉得我能事业有所小成，一多半是托了不太聪明的福气。我从来不敢去捡天上掉下来的馅饼，同样，我从来不敢怠慢给过我帮助的人。

在最后这个小节我要说的东西是最平凡的，但是这个事情做好了，你的营销事业才会真正走得长远。这个事情不仅仅是在你有所成之后做，在最开始进入这个行业的时候，你能做到这一点，你的路子就会比别人顺畅得多，你可能遭遇的机会，也许连你自己都想不到有多诱人。

以前刚入行的时候公司会请人给我们讲课，故事的内容大致是相似的，比

如某个服务生对一对旅游的老夫妇特别友善，把自己的房间让给了他们住，没想到这对老夫妇非常有钱，回头就赞助了他一家酒店，这就是著名的希尔顿大酒店背后的故事。

那时候听这些觉得都是胡诌的，岂是人人都能有这样的运气。虽然自己工作的时候也很努力，但是努力也好，与人为善也好，只是说这样做感觉更好，自己也会更自信，那么对客户而言也有点儿感念你的友善。根本不要指望什么客户因为你这点态度好，就送你一座酒店，如果不是那个客户钱多得发烧，就是你在做梦。

当你真正开始进入职场了，你在生意场里面打转几年，会发现这样的事情还真就有，虽然没有那么夸张，但类似的贵人相助真是太常见了。所谓“人之初性本善”一点儿错都没有，你可能会看到很多作恶的人，但都是为了一己私利，这种恶很多时候你反而会觉得哀其不幸怒其不争。但是善就真的是没有任何代价的，就是一种本能，这才是人性，你要相信这一点，你就能遇到更多善的人。

我刚工作的时候请客户喝酒都在一家固定的酒店。那家酒店的一个服务员跟我特别投缘，我想着给他增加点绩效。他们带来的客户是要提成的，而且他这个人做事细致，也能让客户一顿饭吃得特别顺畅，有时候一个放心的环境就是最好的请客环境。

结果有一天他给我打了一个电话说他不做服务生了。我问他现在做什么，他说他在某大银行做事儿了。我当时想到：没看出来你还是个文化人。就笑着问他是不是自己考进去的。他说不是，就是有一天有桌客人来吃饭，他在旁边陪着，然后有个中年人觉得他很好，就跟他聊了几句，不知道怎么把人家说开心了，就给了他一张名片，让他下周一直接去某支行招聘处。他还真老老实实地去了，结果面试人就是那个中年人，他自然就进去了。

我跟他两个人就感慨有些事情真是说不清，倒不是说服务生和在银行做事儿有个高低贵贱，但到底是有个门槛儿差异的。就因为这么一次特别好的表现，遇到这么一个靠谱的人，这个人的人生都改变了。他说他爸妈特别高兴，自己也想好好干，免得辜负了那个引荐他的人。

我想那个引荐他的人肯定不会后悔的，这确实是个很好的青年。重点不在于他的细致和聪明，而在于他那种想要努力进取的决心。

这件事对我影响其实挺大的，倒不是我急功近利，也想着有机会坐上一次"直升机"。而是因为我开始意识到有些我们以为多余的事情，其实一点儿都不多余，任何时候都做到友善确实是必要的。而且这种友善应该是真诚的，而不是逢场作戏。

我提到的人情售后就是一种维系客户感情的方法，做营销你不能只做前面的功夫，卖掉东西就不管了。每个客户都会有和你继续合作的机会，甚至关系真的到位了，还会给你带来其他的客户，这些都是你绝对不能舍弃的资源。因为你在这一行不是干一票就走，你要做的是建立自己的一个网络，甚至一个帝国。你的网络铺得越开，你的人生道路就越宽广，你根本无法预测将来还有什么好事儿在等着你。

所以我们一定要做好人情售后，客户不仅仅是要跟你签单，他们也是需要关系网络的，你认识的人越多，很多时候你干的事情就是牵线，把一个人介绍给另一个人，然后你不费力就赚了两份人情和认同，这才是真正的无本生意。

但是这种事情想法对了只是选对了路，想要做好真正的"人情售后"，是一件非常困难的事情。我入行前几年还是个穷小子，这个穷不是指的我身上没钱，一个人如果觉得自己特别穷，是因为他知道了自己什么都没有，不仅仅是没钱而已。

说起来可能有点儿拿腔拿调的，这种穷，对我来说就是灵魂上的穷。其实你无论做哪一行，不断学习真的是一个必不可少的过程，你什么都不懂，没有品位、没有生活目标、没有私下的朋友圈子，你真的是一个穷鬼。

那时候我想要跟人家搞好"售后"都有点儿无力，就像拳头里面捏满了热情却打不出去。吃喝酒桌上的关系好建立，但是别人不会拿你当朋友，也不会因为你吃得好，喝酒爽快，就没事儿叫上你一起去吃饭，更不会给你介绍其他新的朋友。

这个阶段我过得非常的痛苦，几次萌生了要退出这一行的想法。因为我看到太多前辈都是在这一关上倒下的，你如果有本事把客户变成朋友，那么你才算得上在这一行真正站稳了脚跟。

幸好我的运气不算太差，一个客户帮我解开了这个疑惑。有一次跟一个客户一起吃饭，他带了个单反相机过来，桌上也有几个他的朋友，他们就一直在侃侃而谈摄影的东西。我当时根本不懂他们说的什么光圈焦距，就傻乎乎地在旁边喝酒陪着。

结果客户可能自己觉得不好意思了，就把他的单反相机拿给我，让我拍来试试，说跟用卡片机效果差距非常明显，我肯定会喜欢的。他说得没错，我就这么拨弄了两下，还真的就喜欢上了摄影。

这个客户当时看我好像挺有兴趣，他谈性也浓厚起来，说他自己圈子里面很多人喜欢摄影，因为这个认识了许多朋友。他特神秘地跟我说，那些朋友是谁谁谁，甚至还有一些很有背景的人，跟他们交上了朋友，很多事情就变得容易了起来。

这顿饭我真是受益匪浅，原来想认识人就是这么简单的事情，我以前之所以没有办法跟客户成为朋友，不是因为我人不够好，而是因为我跟客户没有共同的爱好。难怪都说在营销这一块做得好的人，都是神人，上知天文下知地理，因为只有你和客户有了共同爱好，你们才有了建立友谊的基础。

这种在学生的时候非常懂的道理，为什么进入社会开始工作反而忘了？一门爱好背后就是无数的朋友，无数的朋友背后就是无数的资源，什么事儿办不成呢？

现在我自己组了一个圈内的摄影爱好群，经常和群里的朋友一起出去旅游、交流器材、拍照。这些朋友真的帮了我很多忙，当然我也有帮得到他们的时候。其实说朋友和朋友之间没有互相的利益往来是不现实的，精神上的往来也好，物质上的往来也好，互相能够信任并且愿意帮助彼此，这才是社会性的朋友规则。

做销售的尤其要懂得朋友这两个字的分量，把人情售后做到朋友的份儿上，你就算是出师了。想想看你的大部分客户如果都能跟你成为朋友，是不是以后他们如果要再签单，你的机会就比其他人大得多？营销这一行，搞定人才能搞定事儿，客户就是你的朋友，是你生活圈子的一部分，搞定你的客户，你也就搞定了自己的成功。